구해줘 카카오프렌즈 과학①

글 박영희, 김경민, 김희경, 윤미숙 그림 도니패밀리

🎙 신나는 과학을 만드는 사람들

여러분, 반가워요. 우린 '신나는 과학을 만드는 사람들'의 *우주최강 4인방*이에요.
우리는 각자 학교에서 여러분처럼 귀여운 학생들을 가르치는 과학 선생님이랍니다.
'과학(Science)'이 뭔지는 다들 잘 알고 있죠?
세상의 모든 움직임, 즉 순환하고 작용하는 원리를 누구나 공감하고 인정할 수 있는
체계적인 방법으로 밝혀내는 학문을 말해요. 정말 멋지지 않나요? 👓
과학 분야는 크게 물리, 화학, 생물, 지구과학으로 나뉘어져 있어요.

우주최강 4인방도 모두 오랜 시간 동안 과학을 공부하고, 가르쳐왔는데
각자 조금 더 잘 알고, 좋아하는 부분이 따로 있어요.
우주최강 4인방을 간단히 소개할게요.

마법사처럼 모든 걸 섞고 섞어 화학 *미숙쌤* 🔍
셀 수 없이 많은 생물을 소중히 생각하는 생물 *경민쌤* 🍀
언제나 에너지 뿜뿜 물리 *희경쌤* 📱
미스터리한 우주와 지구를 연구하는 지구과학 *영희쌤* 📃

학교 수업 시간 중 궁금한건 *번쩍!* 손을 들고 질문하는 우리 친구들의 과학 궁금증을
해결하기 위해 우주최강 4인방이 책 안으로 카카오프렌즈👑를 소환했어요.
짜란!! 귀염뽀짝 여러분과 궁금증 해결 대작전을 펼치며
신나는 과학 공부를 함께 할 거예요.
과학 공부라니 벌써부터 머리가 지끈지끈 아파오고 겁이 난다고요?
걱정은 넣어둬요. 친구들을 위해 책 안으로 한 명을 더 초대했답니다.
바로 재치발랄 인기 짱 사이다쌤이 도와줄 거예요.

'구해줘 카카오프렌즈'의 마지막 책장을 넘길 때
"아하! 과학은 쉽고, 재미있고, 즐거운 것이구나." 라는 걸 느끼게 되었다면
우리의 역할은 그걸로 다 한 거겠지요. 더할 나위 없이 뿌듯할 겁니다.
자, 그럼 카카오프렌즈와 함께 호기심을 해결하러 떠나볼까요?

해가 저무는 분홍빛 노을 아래에서
-우주 최강 4인방-

과학 교과 연계표

커다란 튜브는 물에 뜨는데 작은 목걸이는 왜 가라앉아요?	초3-1 물질의 성질	중3 화학 반응의 규칙과 에너지 변화
푸딩은 고체인가요? 정체가 뭐죠?	초3-2 물질의 상태	중1 물질의 상태 변화
마요네즈는 한 가지 재료인데 왜 기름과 분리가 되나요?	초4-1 혼합물의 분리	중2 물질의 특성
바닷물을 마실 수 있는 방법은 없나요?	초4-2 물의 상태 변화	중1 물질의 상태 변화
암컷과 수컷의 생김새가 똑같은 동물이나 곤충도 있나요?	초3-1 동물의 한살이	중3 생식과 유전
곤충을 먹어도 된다고요?	초3-1 동물의 한살이	중3 생식과 유전
모든 동물은 새끼를 낳나요?	초3-1 동물의 한살이	중3 생식과 유전
물고기는 어떻게 물속에서 계속 숨을 쉬나요?	초3-2 동물의 생활	중1 생물의 다양성
작은 씨앗에서는 작은 식물만 자라나요?	초4-1 식물의 한살이	중3 생식과 유전
극이 없는 자석도 있나요?	초3-1 자석의 이용	중2 전기와 자기
나침반이 항상 남북 방향을 가리킨다고요?	초3-1 자석의 이용	중2 전기와 자기
소리도 전달이 된다고요?	초3-2 소리의 성질	중1 빛과 파동
'10kg'과 '10kg중'이 같은 무게라고요?	초4-1 물체의 무게	중1 여러 가지 힘
그림자는 왜 생기는 건가요?	초4-2 그림자와 거울	중1 빛과 파동
거울을 통해 보면 세상이 반대로 보인다고요?	초4-2 그림자와 거울	중1 빛과 파동
왜 달의 표면은 울퉁불퉁한가요?	초3-1 지구의 모습	중2 태양계
왜 우리는 지구에서만 살 수 있나요?	초3-1 지구의 모습	중2 태양계
땅에 있는 흙이 다 같은 흙이 아니라고요?	초3-2 지표의 변화	중1 지권의 변화
땅에도 층이 있다고요?	초4-1 지층과 화석	중1 지권의 변화
사람 화석도 있나요?	초4-1 지층과 화석	중1 지권의 변화
한라산이 화산이라고요?	초4-2 화산과 지진	중1 지권의 변화

카카오프렌즈

라이언

갈기가 없는 것이 콤플렉스인 수사자

큰 덩치와 무뚝뚝한 표정으로 오해를 많이 사지만,
사실 누구보다도 여리고 섬세한
소녀감성을 지닌 반전 매력의 소유자!
원래 아프리카 둥둥섬의 왕위 계승자였으나,
자유로운 삶을 동경해 탈출!
카카오프렌즈의 든든한 조언자 역할을 맡고 있습니다.
꼬리가 길면 잡히기 때문에, 꼬리가 짧습니다.

어피치

복숭아 나무에서 탈출한 악동 복숭아

유전자 변이로 자웅동주가 된 것을 알고
복숭아 나무에서 탈출한 악동 복숭아 어피치!
섹시한 뒷태로 사람들을 매혹시키며,
성격이 매우 급하고 과격합니다.

무지&콘

토끼 옷을 입은 단무지인 무지와
정체불명 콘

호기심 많은 장난꾸러기 무지의 정체는
사실 토끼 옷을 입은 단무지!
토끼 옷을 벗으면 부끄러움을 많이 탑니다.
단무지를 키워 무지를 만든 정체불명의 악어 콘!
이제는 복숭아를 키우고 싶어
어피치를 찾아 다닙니다.

프로도&네오

부잣집 도시개 프로도와 패셔니스타 네오

프로도와 네오는 카카오프렌즈 공식 커플로
알콩달콩 깨볶는 중!
부잣집 도시개 프로도는 사실 잡종.
태생에 대한 콤플렉스가 많습니다.
자기 자신을 가장 사랑하는 새침한 고양이 네오.
쇼핑을 좋아하는 이 구역의 대표 패셔니스타입니다.
하지만 도도한 자신감의 근원이
단발머리 '가발'에서 나온다는 건 비밀!

튜브

겁 많고 마음 약한 오리 튜브

겁 많고 마음 약한 오리 튜브는
극도의 공포를 느끼면 미친 오리로 변신합니다.
작은 발이 콤플렉스이기 때문에
큰 오리발을 착용합니다.
미운 오리 새끼가 먼 친척입니다.

제이지

힙합을 사랑하는 자유로운 영혼

땅속 나라 고향에 대한 향수병이 있는
비밀요원 제이지!
사명의식이 투철하여 냉철해보이고 싶으나,
실은 어리버리합니다.
겉모습과 달리 알고보면 외로움을
많이 타는 여린 감수성의 소유자.
힙합 가수 Jay-Z의 열혈팬입니다.

구출 대작전

사이다쌤

재치발랄 수업과 예쁜 미소로 학교 인기 짱 선생님.
카카오프렌즈의 과학 호기심을 팍팍 자극해 궁금증을 뻥 뚫어주어 사이다라는 별명을 지녔어요.
항상 머리에 비커 모양의 큰 핀을 꽂고 다니지요.
그 핀에 관하여 이러쿵 저러쿵 들려오는 소문이 무성하답니다.

아끼는 보물 1호	머리에 달고 다니는 비커 핀
최대 관심사	비커 핀 깨끗하게 닦기
걱정거리	줄어든 키가 원래대로 돌아오길 간절히 바라고 있음

둥둥호

어피치가 아끼는 우주선 장난감.
어느 날 우연히 발생한 과학 실험실에서의 사고로 둥둥호의 크기가 1,000배나 커졌어요.

부우웅~ 시공간을 넘나드는 신비한 기능까지 갖추게 되었지요.
카카오프렌즈들은 둥둥호를 타고 궁금증을 해결하러 어디든지 갈 수 있답니다.

기술력 VR AI 스릴만점 SPEED 변신가능

PLAN A
작전명 : 개념콩 먹고 쑥쑥

이렇게사용해봐

100
90
63
37
15
0

작동 연료

개념콩

연료 획득 방법

과학 궁금증을 해결

커져라 머신 작동 규칙

개념콩을 먹을 때마다 사이다쌤의 키가 조금씩 자라며, 그 크기를 재어볼 수 있어요.

비커 핀

반짝이고 예쁜 분홍색의 비커 핀은 단순한 머리 핀 이 아니랍니다. 개념콩을 생성하는 신비한 효력을 지녔지요.
카카오프렌즈가 질문을 하고 과학 궁금증 을 해결할 때마다 비커 안에서 개념콩이 발사된답니다.

개념콩

카카오프렌즈의 과학 지식이 쌓일 때마다 사이다쌤의 비커 핀에서 자동으로 튀어나 옵니다.
비커 안의 개념콩은 아무리 억지로 꺼내 려고 노력해도 과학 궁금증을 해결하지 않으면 꺼낼 수 없어요.

목표 개념콩
90 개

모은 개념콩
37 개

궁금증의 난이도에 따라 발사되는 개념콩의 개수가 다르니 어려운 궁금증에 자신있게 도전해 보세요.

Are You Ready?

차례

실험에 성공하면 모두에게 나눠줄게. 이제 수업을 시작하자.

네~

이번 시간에는 '탄산 음료수' 만들기를 할 거야.

그 전에 실험실 안전 수칙부터 배워 보자.

… 또 화학 물질을 함부로 맛보거나, 실험실 안에서 뛰어 다니면 안 되는 거 알지?

얘들아….

얘들아, 여기야, 여기!

깜짝

맙소사. 쌤? 진짜 사이다쌤 맞아요?

화들짝

사이다쌤이 작아지다니. 어떡하지?

크악

아무래도 쌤이 발명 중이던 약과 탄산수가 만나 작아진 것 같아.

나 때문이야….

흑흑

아니야. 내가 실험실에서 뛰어다녀서 그래.

훌쩍

훌쩍

다시 돌아갈 방법은 없는 걸까?

괜찮아. 너희들이 다치지 않았으니 다행이야.

파

둥실~

앗

후후후~ 내가 쌤이 돌아갈 수 있는 방법을 알고 있지.

17

뭐야?
사이다쌤 비커 핀이
말을 하잖아?!

빨리 그 방법을
알려줘!

사이다쌤이 카카오프렌즈를
구했으니까 이제 카카오프렌즈가
사이다쌤을 구할 차례야.

둥실~

사이다쌤은 개념콩을 먹어야
다시 원래대로 돌아올 수 있어.

개념콩?
어디에서 살 수
있는 거야?

둥실~

투덜
투덜

무슨 소리!
개념콩은 돈으로 살 수 있는 게 아니야.
개념콩은 과학 궁금증을 먹고 자라는
신비하고 신성한 열매지.
너희가 마음속에 생긴 과학 궁금증을
질문하고 해결해 과학 지식을 쌓을수록
사이다쌤을 구할 수 있는 개념콩을
비커에서 꺼낼 수 있다고!

타핫!

빠직

그걸 언제 기다려.
비켜봐!
내가 꺼내 볼게.

헉

탈탈탈

으악! 얘들아,
쌤을 살살 다뤄줘.

우리 주변의 물질의 상태

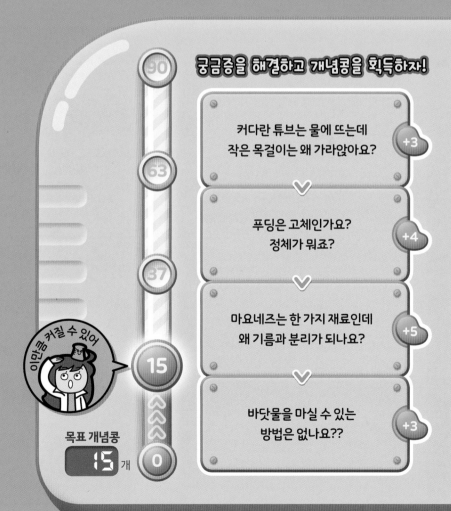

궁금증을 해결하고 개념콩을 획득하자!

커다란 튜브는 물에 뜨는데
작은 목걸이는 왜 가라앉아요?
+3

푸딩은 고체인가요?
정체가 뭐죠?
+4

마요네즈는 한 가지 재료인데
왜 기름과 분리가 되나요?
+5

바닷물을 마실 수 있는
방법은 없나요??
+3

90

63

37

이만큼 커질 수 있어

15

목표 개념콩
15 개

0

커져라 머신

20
15
10
5
0

목표 개념콩
90 개

모은 개념콩
0 개

커다란 튜브는 물에 뜨는데
작은 목걸이는 왜 가라앉아요?

작은 목걸이가 큰 튜브보다
질량과 밀도가
크기 때문이야.

초 3-1 물질의 성질

중3 화학 반응의 규칙과 에너지 변화

추욱

제이지 괜찮아?

왜 제이지의
목걸이가 튜브보다
작은데 가라앉은 거죠?

나도 튜브

금속인 제이지의
목걸이가 고무인
튜브보다 질량과 밀도가
크기 때문이야.

질량은 물질이 차지하는 양을
저울을 이용해 측정한 값이야.
우리가 평소에 말하는 무게는
질량에 *중력이 작용한 값이란다.

중력 지구가 물체를 당기는 힘

그래서 달의 중력은
지구의 $\frac{1}{6}$ 이기 때문에
무게도 $\frac{1}{6}$ 으로 줄어든단다.

$\frac{1}{6}$ 로 줄어든다고요?

대박

지구에서의 무게가
12kg이라면

달에서는
2kg이야.

와아

일정한 공간에 물질이
빽빽하게 들어있는 정도를
밀도라고 해. 물보다 밀도가
크다면 아래로 가라앉는
특징을 보이지.

고무 튜브와
이 배는 물보다
밀도가 작은 거군요.

첨벙

물보다
밀도가 더 큰
내 목걸이.

첨벙

23

모든 물질은 일정한 밀도를 가지고 있기 때문에 밀도는 물질의 성질을 나타낼 수 있는 기준이 돼.

개념콩 획득!
질량

후훗

소중한 내 목걸이.

개념콩 획득!
밀도

탁

앗!

쨍그랑

금속은 대부분 밀도가 크고 단단하기 때문에 구부러지거나 깨지지 않아. 그래서 떨어트리면 아주 큰 소리가 난단다.

뚜둑

튜브 같은 고무는 부드럽고, 잘 구부러지고, 방수도 잘 돼.

이렇게 물질마다 특징과 성질이 모두 다르지.

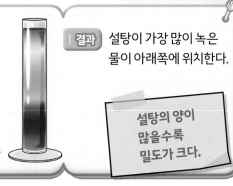

파악

개념콩 획득!
물질의 고유 성질

생활 쏙! 과학 탐구

과정 **무지개탑 만들기** ■ 준비물 : 종이컵, 물, 각설탕, 실린더

1. 5개의 종이컵에 같은 양의 물을 넣고 색색의 물감을 조금씩 넣는다.
2. 종이컵에 각각 각설탕 1개, 2개, … 5개를 넣어 농도를 다르게 만든다.
3. 각설탕을 많이 넣은 설탕물부터 천천히 실린더에 부어준다.

결과 설탕이 가장 많이 녹은 물이 아래쪽에 위치한다.

설탕의 양이 많을수록 밀도가 크다.

알게 된 개념 | 미션

 질량 : 질량에 중력이 작용한 값. 물질의 양을 나타낸다.

 밀도 : 일정한 부피에서 물질이 얼마나 공간을 차지하는지 나타낸다.

 물질의 고유 성질 : 물질마다 다른 성질을 이용하여 생활 속에서 기능에 맞게 물질을 사용할 수 있다.

밀도는 말이야 - 물질을 구분하는 고유한 성질 중 하나야

나는 같은 면적의 공간 안에 얼마나 빽빽하게 물질이 모여 있는지 정도를 나타내지.

 밀도가 크다

 밀도가 작다

밀도를 확인할 수 있는 신기한 실험이야.

특징

밀도가 작다 ↑

밀도가 크다 ↓

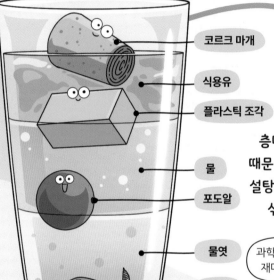

- 코르크 마개
- 식용유
- 플라스틱 조각
- 물
- 포도알
- 물엿
- 돌, 철

실험

짜잔~ 정말 예쁘지? 색색의 층을 나눌 수 있는 비결은 층마다 녹아있는 설탕의 양이 다르기 때문이야. 같은 양의 물에 더 많은 양의 설탕이 녹아있는 순서대로 아래쪽부터 섞이지 않고 가라앉아. 설탕이 물에 많이 녹아있으면 아주 달지? 이런 것을 설탕의 농도가 진해졌다고 해. 농도가 진하면 밀도가 크기 때문이야.

과학 실험은 재미있어.

만날 수 있는 곳

신선한 달걀 고르기

소금물에 달걀을 넣으면 신선한 달걀은 가라앉고, 오래된 달걀은 위에 떠서 구분할 수 있어.

볍씨 고르기

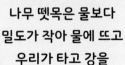

소금물에 볍씨를 넣으면 속이 꽉 찬 좋은 볍씨는 가라앉고, 속이 빈 쭉정이는 위에 떠 분리할 수 있어.

물에 뜬 뗏목

나무 뗏목은 물보다 밀도가 작아 물에 뜨고 우리가 타고 강을 건널 수 있지.

내 목걸이는 물질이 빽빽하게 모여 있구나!

액체는 다른 그릇으로 옮겨 담으면 그릇에 따라 모양이 변하지만 부피는 그대로지.

콰당

내가 제일 좋아하는 콜라는 액체.

개념콩 획득! 액체

기체는 눈으로 볼 수 없고, 손으로 잡을 수도 없지만

휘이이잉

휘이이잉

이렇게 바람이 불면 기체를 느낄 수 있어.

펄럭~

기체는 모양도 부피도 모두 자유자재로 변해. 풍선의 모양을 보면 기체의 모양을 알 수 있지. 둥근 풍선 속 기체는 둥근 모양이고, 막대 풍선 속 기체는 길쭉한 막대 모양이야.

개념콩 획득! 기체

기체는 정해진 모양이 없구나.

그럼 푸딩이나 치약은 뭐지?

그러게. 고체도 액체도 기체도 아닌 것 같은데?

개념콩 획득!

겔(gel)

겔(gel)

아하!

푸딩, 치약, 두부, 젤리는 겔(gel)이구나.

푸딩이나 치약은 액체도 고체도 아닌 겔(gel) 상태의 물질이야. 겔(gel)은 담는 그릇에 따라 모양이 변하지는 않지만 힘을 주면 모양이 바뀐단다.

알게 된 개념   미션

고체 : 모양과 부피가 일정하고, 손으로 잡을 수 있다. 단단한 성질을 가지고 있다.

액체 : 모양은 일정하지 않지만 부피는 일정하다. 흐르는 성질을 가지고 있다.

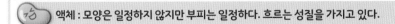

기체 : 모양과 부피가 모두 일정하지 않고, 눈에 보이지 않는다. 공간으로 퍼져나가며 이동하는 성질을 가지고 있다.

겔(gel) : 고체처럼 모양과 부피가 일정하지만 힘을 주면 모양이 변한다.

액체를 끓이면 수증기가 나오지?
그게 바로 나, 기체야.
나는 눈으로 볼 수 없지만
모든 곳에 존재하고 있어.
바람이 불거나 바람개비가
돌아가는 모습을 통해
나의 존재를 확인할 수 있단다.

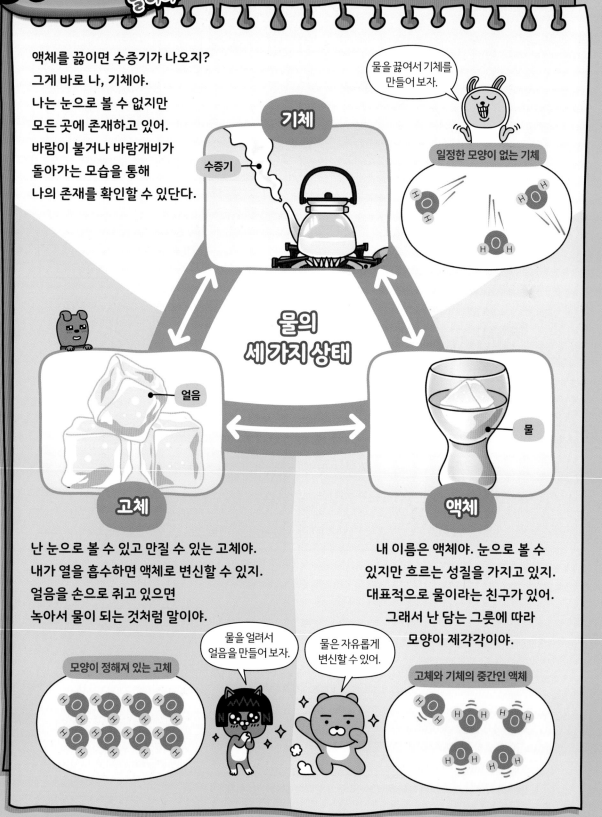

물을 끓여서 기체를 만들어 보자.

기체

일정한 모양이 없는 기체

수증기

물의 세 가지 상태

얼음

물

고체

액체

난 눈으로 볼 수 있고 만질 수 있는 고체야.
내가 열을 흡수하면 액체로 변신할 수 있지.
얼음을 손으로 쥐고 있으면
녹아서 물이 되는 것처럼 말이야.

내 이름은 액체야. 눈으로 볼 수
있지만 흐르는 성질을 가지고 있지.
대표적으로 물이라는 친구가 있어.
그래서 난 담는 그릇에 따라
모양이 제각각이야.

물을 얼려서 얼음을 만들어 보자.

물은 자유롭게 변신할 수 있어.

모양이 정해져 있는 고체

고체와 기체의 중간인 액체

어피치가 사이다쌤, 튜브, 무지를 초대했습니다.

쌤~ 정말 고체가 액체가 되고,
액체가 기체가 될 수도 있나요?

 딱딱한 고체가 흐르는 액체가
되었다가 기체로 변한다고?

 어휴. 말만 들어도 어렵다ㅠㅠ

 그럼~ 물을 예로 들어 볼까?

액체인 물을 얼리면 고체인 얼음이 되고,
물을 끓이면 기체인 수증기가 되잖아.

헐~ 진짜네.

물을 예로 생각하니까
이해가 쉽게 되네.

 물질은 온도나 압력에 따라 상태가
자유롭게 변할 수 있기 때문이야.

액체가 기체로 변하는 걸 '기화'라고 부르고
기체가 액체로 변하는 건 '액화'라고 부른단다.
액체가 고체로 변하는 건 '응고'라고 부르지.

기화! 액화! 응고! 기억해야지.

자유자재로
변하는
물질의 상태

➕ ☺ #

커져라 머신

20
15
10
5
0

목표 개념콩
90 개

모은 개념콩
7 개

마요네즈는 한 가지 재료인데 왜 기름과 분리가 되나요?

여러 가지 물질이 섞여 있는 **혼합물**이기 때문이야.

초 4-1 혼합물의 분리

중2 물질의 특성

우리 주위의 물질은 순물질과 혼합물로 나눌 수 있어. 순물질은 물, 설탕, 순금처럼 더 이상 분리할 수 없는 본래의 물질을 말하고 혼합물은 두 종류 이상의 물질이 섞여 있는 물질이란다.

순물질

혼합물

아이스크림에는 물, 우유, 설탕 등이 섞여 있어.

폴짝

아이스크림은 순물질이 아니구나.

바나나도 맛있고, 사과도 맛있어.

나는 배불러.

저벅 저벅

샐러드는 역시 소스 맛!

두 가지 이상의 물질이 섞여 있지만 각각의 *성질이 변하지 않은 물질을 혼합물이라고 해.

혼합물

과일 샐러드는 여러 과일과 드레싱 소스의 성질이 변하지 않고 섞여 있으니 혼합물이야.

개념콩 획득!

혼합물

혼합물은 물질이 어떻게 섞여 있느냐에 따라서 다시 균일 혼합물과 불균일 혼합물로 나눌 수 있어.

물질

혼합물 순물질

균일 혼합물 불균일 혼합물

*성질 물질이 가지고 있는 고유한 특성

33

물질이 고르게 섞여 있는 혼합물은 균일 혼합물이라고 해. 겉으로 볼 땐 한 가지 물질처럼 보이지만 여러 가지 물질이 섞여 있단다.

물인줄 알았는데 맛을 보니 단맛이네. 설탕물에는 물과 설탕이 섞여 있구나.

공기는 산소, 질소 등 여러 기체가 고르게 섞여 있는

균일 혼합물이야.

얍!

개념콩 획득!
균일 혼합물

고르게 섞이지 않아 시간이 지나면 분리되는 물질을 불균일 혼합물이라고 해. 마요네즈도 온도가 너무 높거나 낮으면 물질들이 서로 분리되는 거야.

마요네즈는 불균일 혼합물이였구나.

흙탕물도 시간이 지나면 흙이 가라앉으니

불균일 혼합물이겠네.

개념콩 획득!
불균일 혼합물

생활 쏙! 과학 탐구

과정 **소금과 물 분리하기**

■ 준비물 : 소금물, 알코올 램프, 증발 접시

1. 소금물을 삼발이 위 증발 접시에 담고 가열해 점차 물을 증발시킨다.
2. 물이 모두 증발하면 증발 접시 위에 남은 소금을 분리할 수 있다.

결과 소금물을 가열하면 소금을 분리할 수 있다.

물질의 성질을 이용하면 혼합물을 쉽게 분리할 수 있다.

알게 된 개념 | 미션

혼합물 : 각자의 물질의 성질이 변하지 않고 섞여 있는 물질이다. 균일 혼합물과 불균일 혼합물로 나눌 수 있다.

균일 혼합물 : 물질이 고르게 섞여 있는 혼합물이다. 겉보기에는 순물질과 똑같다. ⑩ 공기, 설탕물, 간장 등

불균일 혼합물 : 물질이 고르게 섞여 있지 않고 시간이 지나면 분리되는 혼합물이다. ⑩ 미숫가루, 코코아, 흙탕물 등

내가 혼합물인지 순물질인지 궁금해 했다며?
내가 겉으로 보기에는 순물질처럼 생기긴 했지.
하지만 겉모습과는 달리 대표적인 혼합물 중 하나야.
내 안에는 식용유, 식초, 달걀노른자 등
많은 물질이 섞여 있거든.

성격

혼합물

마요네즈 안에는 많은 물질이 있구나.

김밥

맛있는 김밥은 밥, 김, 당근, 단무지, 달걀 등이 성질이 바뀌지 않으며 섞여 있으니 혼합물이야. 모든 재료의 맛이 생생하게 느껴질걸?

잡곡

현미, 콩, 팥 등의 잡곡도 우리가 흔히 볼 수 있는 혼합물이지.

실험

코끼리 똥을 깨끗하게 씻어 물에 끓인 후 체에 걸러봐. 체에 거른 코끼리 똥을 햇빛에 잘 말리면 환경을 지킬 수 있는 종이가 탄생해. 각 물질의 특성을 이용해 혼합물을 분리하는 거야.

내가 하루에 누는 똥은 50kg 정도야. A4용지 66장을 만들 수 있는 양이지.

똥으로 만든 종이라니 냄새가 날 것 같아.

코끼리는 초식 동물이라 냄새가 나지 않아!

1 깨끗하게 씻기	2 물에 끓이기	3 체에 거르기	4 말린 후 떼어내기

미션 / 알게 된 개념

개념콩 3개를 획득하시오.

물의 상태 변화

물의 변화

물 부족의 원인

바닷물을 마실 수 있는 방법은 없나요?

깨~

끝이 안보여.

색이 정말 예쁘다.

바닷물이 이렇게 많은데, 쌤이 저 물을 마실 수 있다면 얼마나 좋을까?

슈웅

바닷물을 그냥 마실 수 있는 방법은 없을까?

속닥 속닥

쿠오오오

고래

고래

얘들아 쌤 좀 내려주고 이야기 해~

헉!

무지에게 궁금증이 생겨 개념콩을 획득할 수 있습니다

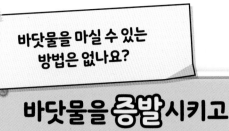

바닷물을 마실 수 있는
방법은 없나요?

바닷물을 **증발**시키고
수증기를 모으면
마실 수 있어.

초 4-2 물의 상태 변화

중1 물질의 상태 변화

목표 개념콩
90 개

모은 개념콩
12 개

푸른 빛깔의 바다가 정말 예쁘지?
지구의 70%가 바다로 덮여있을
정도로 바닷물의 양은 많아.

예쁘다

그런데 말입니다

바닷물을
마실 수 있는 방법은
정말 없는 걸까?

그렇지 않아. 물은 상태가 변하면서 공기, 바다, 육지 등으로 끊임없이
돌고 도는데, 바닷물이 *증발해서 수증기가 될 때 염분은 빠지
게 된단다. 그 수증기를 모으면 바닷물도 우리가 마실 수 있어.

네○ / 패셔니스타

당연하죠. 바닷물에는 *염분이
있어서 우리는 마실 수 없어요.

구름

비

수증기

바닷물

물은 상태가 계속
변하며 도는구나.

바닷물을
계속 마시면 물이
점점 줄어드는 거
아니야?

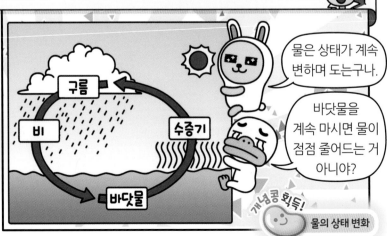

개념콩 획득!

물의 상태 변화

*염분 바닷물 등에 들어있는 소금기
*증발 액체의 물질이 기체로 변하는 현상

38

물은 상태만 변하면서 계속 순환하는데 왜 물 부족 국가가 생기는 거죠?

힝~

인구 증가

펑

인구가 점점 증가하면서 물 이용량이 늘어나고 있기 때문이야.

폴짝

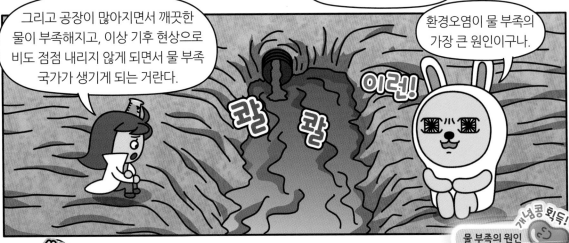

그리고 공장이 많아지면서 깨끗한 물이 부족해지고, 이상 기후 현상으로 비도 점점 내리지 않게 되면서 물 부족 국가가 생기게 되는 거란다.

환경오염이 물 부족의 가장 큰 원인이구나.

콸 콸

이런!

개념콩 획득!
물 부족의 원인

생활 쏙! 과학 탐구

과정 물의 상태 변화 알아보기

■ 준비물 : 플라스틱 컵, 얼음, 지퍼백, 테이프

1. 플라스틱 컵에 넣은 얼음을 지퍼백에 넣고 무게를 잰다.
2. 햇볕이 잘 드는 창문에 테이프로 고정한다.
3. 3일 뒤 지퍼백을 떼고 무게를 잰다.

셀로판 테이프
지퍼백
물방울
플라스틱 컵
얼음

결과 얼음은 녹아 사라지고 지퍼백 표면에 물이 맺혔다. 지퍼백의 무게는 같다.

물은 상태가 변하며 돌고 돌지만 전체 양은 변하지 않는다.

알게 된 개념   미션

 물의 상태 변화 : 물이 증발해서 수증기가 되었다가 응결하면 구름이 된 후, 다시 구름에서 비나 눈이 되어 지상으로 떨어진다.

 물의 변화 : 물은 고체, 액체, 기체로 상태가 변하며 돌고 돈다.

 물 부족의 원인 : 이상 기후 현상으로 비가 적게 내림, 인구의 증가, 환경오염 등

안녕? 물인 나의 상태가 액체, 기체, 고체로 항상 변한다는 건 알고 있지?
나는 상태가 변하면서 땅, 바다, 공기 등의 여러 곳을 끊임없이 돌고 돌아. 바다, 강, 구름, 땅속, 비, 나무속에서는 액체 상태로 존재하고, 공기 중에서는 기체 상태로 존재해. 또 날씨가 너무 추워서 눈이 내리거나 *우박이 내릴 때는 고체 상태란다.

수증기가 응결하여 구름이 된다.

비나 눈이 되어 땅으로 내려간다.

물이 증발해서 수증기가 된다.

강으로 흘러간다.

뿌리가 땅속의 물을 빨아들인다.

땅속에 지하수가 흘러간다.

특징

상태 변화 과정

나는 땅, 바다에서 공기 중으로 수증기가 되어 날아갔다가 구름에서 비나 눈으로 다시 지상으로 내려온단다.

물 부족 현상 해결

우리가 한 번 사용한 물은 다시 사용할 수 있을 때까지 많은 시간이 걸려. 그렇기 때문에 일상생활에서 물을 아껴 써야 해. 우리가 할 수 있는 방법이 무엇인지 알아보자.

욕조에 물을 받아 목욕하는 것보다 샤워기를 사용해야 물을 아낄 수 있어.

양치 컵 사용하기

샤워 시간 줄이기

빨래는 모아서 한꺼번에 하기

*우박 물방울이 공중에서 찬 기운을 만나 얼어 떨어지는 얼음 덩어리

저요! 저요! 풀어봐요

1 우유, 간장, 식용유의 공통점은 무엇일까요?

정답
스티커

- 고체인 물질이야.
- 담는 그릇에 따라 모양이 변해.
- 담는 그릇에 따라 부피가 변해.
- 담는 그릇이 바뀌어도 모양은 변하지 않아.

2 혼합물에 해당하는 것은 무엇일까요?

정답
스티커

- 설탕이지.
- 순금이야.
- 바닷물이지.
- 철이야.

3 기체의 성질을 이용하지 않은 카카오프렌즈는 누구일까요?

정답
스티커

- 색연필로 그림을 그렸어.
- 축구공으로 축구를 했어.
- 풍선 미끄럼틀을 타며 놀았어.
- 바람개비를 돌리며 놀았어.

④ 바닷물의 상태 변화를 순서대로 이어 길을 찾아보세요.

출발

① 바닷물이 증발해요.

② 강을 따라 흘러가요.

③ 땅속에서 지하수로 흘러가요.

④ 공기 중 수증기로 떠 다녀요.

⑤ 수증기가 응결하여 구름이 돼요.

⑥ 뜨거운 햇빛에 땅이 말라가요.

⑦ 추운 계절이 되면 구름이 가벼워 져요.

⑧ 구름이 무거워지면 비나 눈으로 변해요.

⑨ 지표면으로 내려와 바다나 땅속으로 스며들어요.

도착

5 다음 **1**~**4**에 해당하는 용어를 모두 찾아 ◯표 해보세요.

1 눈으로 보고 손으로 잡을 수 있는 물질의 상태
2 지구가 물체를 당기는 힘
3 물질이 가지고 있는 고유한 특성
4 두 가지 이상의 순물질이 섞여 만들어진 물질

혼	지	구	호
합	성	고	자
물	질	체	육
건	중	력	사

저요! 저요! 맞춰봐요

궁금증을 해결했는지 한번 확인해 볼까?

정답

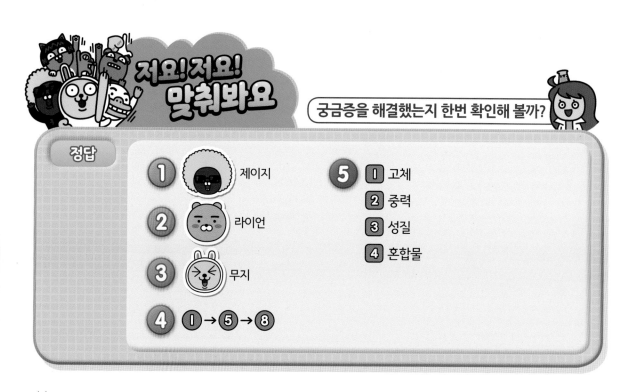

1 제이지

2 라이언

3 무지

4 **1** → **5** → **8**

5 **1** 고체
   2 중력
   3 성질
   4 혼합물

44

동물과 식물의 한살이

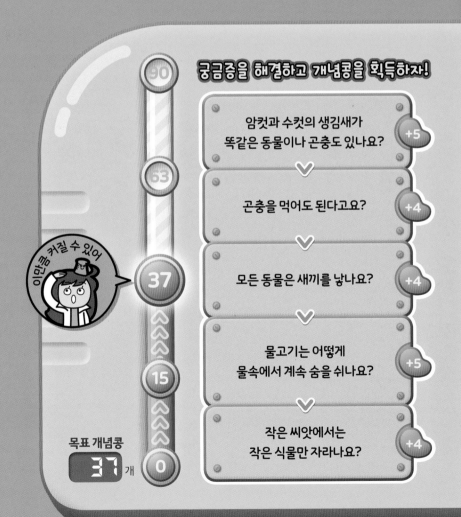

궁금증을 해결하고 개념콩을 획득하자!

암컷과 수컷의 생김새가
똑같은 동물이나 곤충도 있나요? +5

곤충을 먹어도 된다고요? +4

모든 동물은 새끼를 낳나요? +4

물고기는 어떻게
물속에서 계속 숨을 쉬나요? +5

작은 씨앗에서는
작은 식물만 자라나요? +4

목표 개념콩
37 개

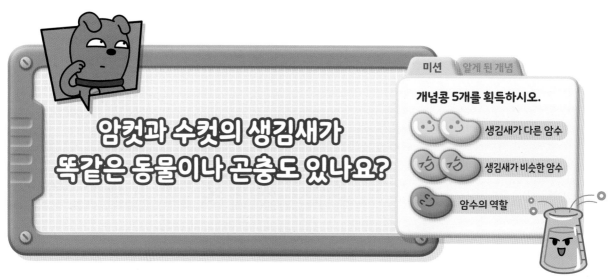

암컷과 수컷의 생김새가 똑같은 동물이나 곤충도 있나요?

미션 | 알게 된 개념

개념콩 5개를 획득하시오.

생김새가 다른 암수
생김새가 비슷한 암수
암수의 역할

벌이다! 무서워.

위잉~

둘이 붙어있네?
커플인가 봐.

까~

뭐야?
똑같이 생겼잖아?

맞아

구분을 못 하겠어.

흐음..

암컷과 수컷이 똑같이
생긴 곤충도 있나?

낄낄

콱!

피이융

오앙~

후훗

프로도에게 궁금증이 생겨 개념콩을 획득할 수 있습니다

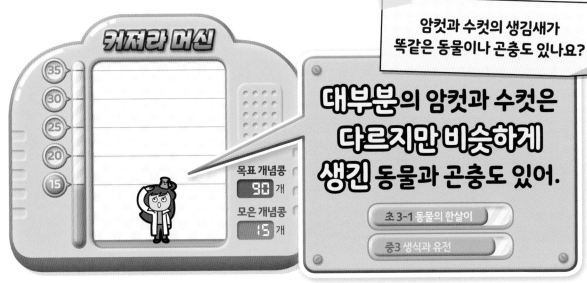

커져라 머신

35 30 25 20 15

목표 개념콩 **90** 개

모은 개념콩 **15** 개

암컷과 수컷의 생김새가 똑같은 동물이나 곤충도 있나요?

대부분의 암컷과 수컷은 다르지만 비슷하게 생긴 동물과 곤충도 있어.

초 3-1 동물의 한살이

중3 생식과 유전

보통 동물은 암컷과 수컷이 다르게 생겼어. 특히 수컷들이 화려해서 눈에 확 띄지.

우리는 갈기로 암수를 구별할 수 있어.

흠흠

갈기가 없는 수사자는 나뿐이네.

그래야 짝짓기 할 때 암컷에게 선택받을 수 있고 자신의 *자손을 남길 수 있거든. 사자는 수컷이 암컷보다 몸집이 더 크고, 머리에 갈기가 있단다.

거의 모든 동물들은 대부분 수컷이 암컷보다 덩치가 크고 화려하게 생겼어. 꿩도 마찬가지란다.

선명하고 화려한 깃털의 색깔

황갈색에 검은 무늬가 있는 수수한 깃털의 색깔

수꿩   암꿩

반대로 사마귀는 암컷이 수컷보다 크기가 훨씬 크고, 배가 더 볼록해. 그 이유는 배에 품고 있는 알을 지키기 위해 많은 에너지를 저장해야 하기 때문이야.

짝짓기가 끝나면 영양분을 위해 수컷을 잡아먹기도 해.

날 희생해서 알들을 지켜줘.

꾸아

암컷   수컷

암컷과 수컷의 생김새가 다른 건 새끼를 낳아 대를 이어 살아가기 위한 이유이구나.

개념콩 획득!

생김새가 다른 암수

***자손** 자식과 손자를 통틀어 이르는 말

47

알게 된 개념 미션

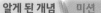 생김새가 다른 암수 : 사자, 원앙, 꿩, 사슴, 닭, 사마귀 등

생김새가 비슷한 암수 : 무당벌레, 달팽이, 지렁이, 붕어 등

암수의 역할 : 암수가 하는 역할은 모두 다르다. 예 암수가 함께 알과 새끼를 돌봄(제비), 암컷이 새끼를 돌봄(곰), 수컷이 알을 돌봄(가시고기), 암수 모두 알을 돌보지 않음(거북)

배추흰나비의 한살이

내 이름은 배추흰나비야.
내가 자라는 과정을 보며
한살이에 대해서 알아볼까?
대부분의 동물, 곤충은 태어나서
애벌레의 형태를 지나 어른이 되고
새끼를 낳는 과정을 반복해.
이런 과정을 '한살이'라고 불러.
나는 알에서 태어나 애벌레에서
번데기가 되었다가 어른벌레로
성장하는 한살이를 가지고 있어.

알

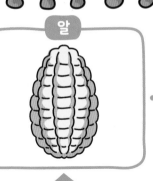

애벌레

어른벌레

번데기

배추흰나비의 관찰

김치~

카메라로 배추흰나비를
찍어서 관찰해야지

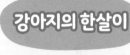

강아지의 한살이

나와 비슷하지만
다른 한살이 과정을 가지고
있는 친구를 소개할게.

나의 성장 과정을 보고 싶다면
사육 상자를 만들어서 관찰해봐.
나를 옮길 때는 꼭 잎에 붙어있는
채로 옮겨야 해. 손으로 만진다면
내가 죽을 수도 있으니 주의해줘!
그리고 사육 상자 겉에 꼭 방충망을
씌워야 내가 안전할 수 있어.
난 양배추나 케일을 좋아하니까
매일 넣어줄 수 있지?

갓 태어난 강아지

어린 강아지

다 자란 개

큰 강아지

커져라 머신

35 30 25 20 15

목표 개념콩
90 개

모은 개념콩
20 개

곤충을 먹어도 된다고요?

먹어도 안전한
곤충이 따로 있어.

초 3-1 동물의 한살이

중3 생식과 유전

파리의 특징

겹눈

더듬이

곤충은 몸을 머리, 가슴, 배
세 부분으로 나눌 수 있고,
다리는 세 쌍(6개)을 가지고 있어.
배추흰나비, 개미, 무당벌레,
파리도 모두 곤충에 속해.

곤충의 몸은 머리,
가슴, 배로 나뉘는구나.
더듬이도 신기하네.

개념콩 획득!
곤충의 특징

곤충의 한살이 과정에서
번데기 과정이 있느냐,
없느냐에 따라 곤충을
두 종류로 나눌 수 있어.
사슴벌레와 잠자리의
한살이를 비교해 볼까?

GO! GO!

곤충의 머리에는 겹눈 한 쌍(2개)과
더듬이 한 쌍(2개)이 달려있어
주변을 *탐색할 수 있단다.

★탐색 숨어있는 사실이나 물건을 찾는 것

51

알게 된 개념   미션

곤충의 특징 : 몸은 머리, 가슴, 배 세 부분으로 나뉘고, 세 쌍(6개)의 다리가 있다. 겹눈과 더듬이를 가지고 있다.

곤충의 한살이 ┬ 완전 탈바꿈 : 알 → 애벌레 → 번데기 → 어른벌레
            └ 불완전 탈바꿈 : 알 → 애벌레 → 어른벌레

식용 곤충 : 식용 곤충에는 독성이 없고 단백질이 풍부하다. 예 밀웜, 장수풍뎅이 유충, 귀뚜라미, 누에 번데기 등

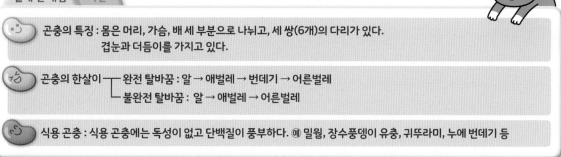

한살이의 모습이 서로 달라

우리 곤충은 겹눈을 가지고 있어서
여러 곳을 한 번에 볼 수 있어. 신기하지?
모자이크처럼 세상이 보이지만 더듬이 덕분에
주변을 정확하게 알 수 있고 시야도 훨씬 넓단다.
어떻게 보이는지 한번 볼래?

우리 곤충 패밀리에 들어오려면
몸이 머리, 가슴, 배 세 부분으로 구분되어야 해.
그리고 다리는 세 쌍으로 6개여야 하지.
대표적인 우리 패밀리에는 파리와 벌이 있어.

파리 **벌**

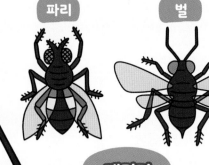

패밀리

눈

사람의 눈으로 본 꽃

곤충의 눈으로 본 꽃

겨울잠

사슴벌레

무당벌레

나도 라이언 같지만 어피치야.

난 곤충 같지만 곤충이 아닌 *절지동물이야.

비슷한 친구 **거미**

동물처럼 겨울잠을 자는 곤충들도 있다는
사실 알고 있어? 추운 겨울을 나기 위해
겨울잠을 자는 몇몇의 곤충들이 존재해.
나무 속이나 낙엽 밑은 겨울잠을 자기 위한
최고의 장소이지.

거미는 우리와 비슷하지만 까다로운
패밀리의 조건 때문에 탈락한 친구야.
거미는 몸이 머리가슴, 배 두 부분으로 나뉘어
있고, 다리는 네 쌍(8개)을 가지고 있어.
그리고 더듬이가 아닌 더듬이 다리를 가지고
있기 때문에 우리 패밀리에 낄 수 없어.

---

*절지동물 등뼈가 없는 무척추동물 중에서도 몸이 딱딱하며 몸과 다리에 마디가 있는 동물 예 나비, 가재, 새우, 거미 등

네오가 사이다쌤, 프로도, 무지를 초대했습니다.

곤충을 먹을 수 있다니….

 그것 봐 네오. 번데기가 보기에는 징그러워도 단백질이 얼마나 풍부한 음식인데.

벚꽃 축제에서 팔던 번데기는 어떤 곤충인 걸까?

 흔히 우리가 먹는 번데기는 누에나방의 번데기야.

누에 애벌레가 나방이 되기 전 번데기 단계의 음식이지.

 # 누에고치 ···
누에고치는 누에가 번데기가 될 때 몸을 보호하기 위하여 실을 토해 만든 일종의 집이다.

그럼 누에나방도 번데기 단계를 거치는 '완전 탈바꿈'을 하는 곤충이군요?

 맞아! ^^

 단백질이 풍부하다고 해도 나는 못 먹겠어ㅠㅠ

 무지 한번 먹어 봐. 생긴 건 징그러워도 맛있고 영양도 풍부하다니까?

 괜… 괜찮아 프로도 ㅎㅎ

누에나방의
한살이

모든 동물은 새끼를 낳나요?

드르륵

얍~

뻥

제이지!
너 주머니에 뭐야?

볼록

먹을 거 아니야?
나도 줘~ 나도 먹을래!

안돼! 저리 가!!

뜨헉!

간질 간질

캬하하하

슝

뻥

달걀이잖아?

호잇

어제 TV에서 봤는데 달걀을 따뜻하게 품어주면 병아리가 태어난대.

정말?

설렘

말도 안돼. 알을 낳는 건 곤충이라고 배웠는데 어떻게 동물인 병아리가 알에서 태어나?

동물은 새끼를 낳는 거 아니였어?

정말이야! 병아리가 알을 깨고 나온대.

억울

흐음

그래?

꺄!

삐약 삐약 삐약

나도 달걀을 품어볼래.

어휴. 마음대로 해라.

못말려

수업 시간

깡깡

오잉?

튜브에게 궁금증이 생겨 개념콩을 획득할 수 있습니다

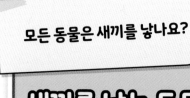

모든 동물은 새끼를 낳나요?

새끼를 낳는 동물도 있고 알을 낳는 동물도 있어.

- 초 3-1 동물의 한살이
- 중3 생식과 유전

커져라 머신

목표 개념콩 **90** 개

모은 개념콩 **24** 개

닭은 암컷과 수컷의 생김새를 한눈에 구별할 수 있는 동물이야. 이런 닭은 알을 낳는 동물이란다.

알을 낳아 자손을 남기는 방법을 난생이라고 해.

그럼 알을 낳는 동물은 닭만 있나요?

꼬꼬

닭 말고도 뱀, 개구리, 비둘기, 연어, 고등어 등이 알을 낳는 동물이야. 하지만 알을 낳는 장소, 알의 모양 등이 다르단다.

나무 위

물가

물속

땅속

알을 낳는 동물이 이렇게 많았다니!

신기

개념콩 획득! 알을 낳는 동물

이번에는 새끼를 낳는 동물을 만나러 가볼까?

좋아요!

새끼를 낳는 방식을 태생이라고 해. 사람, 강아지, 고양이, 고래 등과 같은 대부분의 *포유류가 태생을 하는 동물이지.

고래는 물고기인 줄 알았어.

*포유류 척추를 가지고 있고 새끼를 낳아 젖을 먹여 영양분을 공급하는 동물

새끼를 낳는 동물들은 몸이 털이나 가죽으로 덮여 있어. 새끼는 태어나서 어미의 젖을 먹으며 자라다가 점점 어미와 비슷한 모습으로 자란단다.

그럼 새끼를 낳는 동물은 모두 포유류겠군요.

히여!

포유류에 속하지만 알을 낳는 비밀을 간직한 동물도 있단다.

헉!

누구지?

오리너구리는 생김새 때문에 새끼를 낳을 것 같지만 알을 낳고 새끼가 *부화한 후 젖을 먹이며 키우는 동물이란다.

비밀에 쌓인 동물은 바로 나야 나!

오리냐 너구리냐.

털로 덮인 몸

첨벙

부리

첨벙

물갈퀴

헤헤

동물이 자손을 남기는 방법은 정말 다양하구나.

*부화 동물의 새끼가 알을 깨고 밖으로 나오는 것

개념콩 획득!
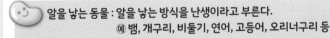
새끼를 낳는 동물

알게 된 개념 | 미션

알을 낳는 동물 : 알을 낳는 방식을 난생이라고 부른다.
예 뱀, 개구리, 비둘기, 연어, 고등어, 오리너구리 등

새끼를 낳는 동물 : 새끼를 낳는 방식을 태생이라고 부른다.
예 사람, 강아지, 고양이, 고래 등

태어나고 자라는 모습이 제각각이야

동물은 말이야

나는 알을 낳는 동물인 개구리야. 알을 낳는 동물은 아주 다양한 친구들이 있는데, 우리들의 한살이를 알아볼래?

알

우리 올챙이야.

갓 태어난 새끼

한살이

알을 낳는 동물

우리는 알 속에서 어느 정도 성장을 하고 태어나. 알에 있을 때는 적의 공격을 쉽게 받을 수 있기 때문에 물속이나 땅속, 바위 틈 등에 숨어 있단다. 알에서 깨어난 후 바로 어른들이 먹는 먹이를 먹으며 폭풍 성장을 하지. 어른이 된 우리 중 암컷이 알을 낳을 수 있어.

다 자란 어른

공통점

새끼를 낳는 동물

나는 새끼를 낳는 동물인 고래야. 우리들의 한살이는 단계별로 생김새가 크게 다르지 않아.

갓 태어난 새끼

한살이

다 자란 어른

고래가 동물 중에 지능이 가장 높대.

공통점

사는 곳

새끼를 낳는 동물들은 대부분 땅 위에서 살고 있지만 나처럼 물속이나 땅속에서 사는 친구들도 있어.

우리는 태어나서 어미의 젖을 먹으면서 자라. 그러다가 점점 다른 먹이를 먹으며 폭풍 성장을 하지. 어른이 된 우리 중에서 암컷은 짝짓기를 통해서 새끼를 낳을 수 있어.

콘이 튜브, 제이지를 초대했습니다.

너희들 달걀을 품어서 부화하는 데 성공했니?

 아니. 아무리 품어도 병아리가 태어나지 않네.

 이상하다. 왜 병아리가 태어나지 않는 걸까?

콘이 사이다쌤을 초대했습니다.

쌤 , 왜 병아리가 태어나지 않은 거죠?

 알에서 새끼가 태어나기까지 필요한 시간은 동물마다 다른데 달걀에서 병아리가 태어나려면 *유정란을 21일 정도를 따뜻하게 품어줘야 한단다.

 헉! 21일?!

 새끼를 낳는 동물들도 임신 기간, 한 번에 낳는 새끼의 수, 새끼가 자라는 기간 등이 모두 다르지.

> **# 개와 소의 한살이 비교** ...
>
> 개는 보통 한 번에 4~6마리의 새끼를 낳고 갓 태어난 강아지는 걸을 수 없지만 소는 한 번에 1마리의 새끼를 낳고 태어나자마자 걸을 수 있다.

 새끼를 낳는 동물끼리도 차이가 나는구나.

 아쉽다. 귀여운 병아리를 만날 수 있었는데.

➕ ☺ #

제각기 다른
동물의 한살이

---

*유정란 부화할 수 있는 달걀. 반대로 무정란은 부화되지 않음

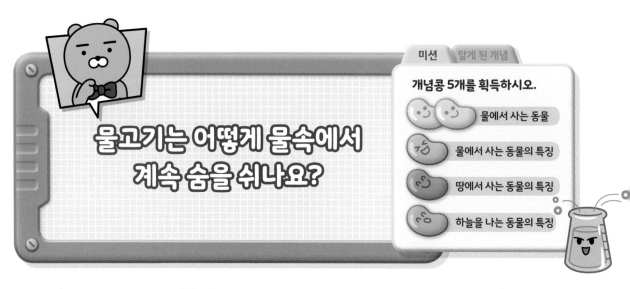

라이언에게 궁금증이 생겨 개념콩을 획득할 수 있습니다

커져라 머신

35
30
25
20
15

목표 개념콩
90 개

모은 개념콩
28 개

물고기는 어떻게 물속에서
계속 숨을 쉬나요?

아가미로
숨을 쉴 수 있어.

초 3-2 동물의 생활

중1 생물의 다양성

날씨가 정말 좋다.
우리 오랜만에
야외수업을 할까?

오예!

쌤, 바다로 가요.

안돼! 어제 바다에서
상어에게 잡아먹히는
꿈을 꿨단 말이야!

끄응

그럼 강으로
가자.

강가나 호수에는 물방개,
붕어, 개구리, 수달이 있어.

나와 개구리는
물가에서 살아.

이 구역 헤엄왕!

물속에서 헤엄치기는
식은죽 먹기야.

바다에 사는 동물에는
상어 말고 누가 있죠?

갸웃

갯벌과 바다에 사는 동물은
조개, 게, 전복 등이 있어.

물에서 사는 동물들도
저마다 환경에 적응하며
살고 있나봐.

근데, 물속에서 어떻게
숨을 쉬는 거지?

개념콩 획득!
물에서 사는 동물

예쁜 새야 안녕~ 너도 땅 위에서 사는 거야?

나는 땅 위에서 살지만 날개가 있어서 하늘을 날아다닐 수 있어.

안녕 어피치~ 나는 이만 갈게.

푸드득

엇! 새야 가지마!

쌤, 하늘을 나는 동물이 궁금해요.

이 책을 읽어봐.

여기

까치와 잠자리가 설명을 해준대.

잠자리야 안녕?

와아

나는 까치야. 공원이나 나무가 많은 산에서 살지. 나는 먼 거리를 한번에 날아가야 하기 때문에 뼈가 얇고 속이 비어있어.

내 날개는 아주 얇고 가벼워서 빠르게 날 수 있어. 하지만 잘 찢어지니까 날 만난다면 날개를 만지지 말아줘.

오랫동안 하늘을 날기 위해서는 날개가 있고 몸이 가벼워야 해.

개념콩 획득! 하늘을 나는 동물의 특징

알게 된 개념　미션

물에서 사는 동물 : 강이나 호수에서 사는 동물과 바다에서 사는 동물로 나눌 수 있다.

물에서 사는 동물의 특징 : ① 지느러미를 가지고 있어 헤엄을 칠 수 있다. ② 아가미를 통해 물속에서 숨을 쉴 수 있다.

땅에서 사는 동물의 특징 : ① 다리가 있는 동물들은 걷거나 뛰며 이동한다. ② 다리가 없는 동물들은 기어서 이동한다.

하늘을 나는 동물의 특징 : ① 날개를 가지고 있다. ② 몸이 가벼워 오랫동안 날 수 있다.

누가 누가 잘 변했나! 쇼미 더 진화

후보 1 사막의 왕 낙타

혹에 지방을 저장해서 먹지 않아도 며칠 동안 살 수 있어.

열고 닫을 수 있는 콧구멍은 모래바람으로부터 날 지켜주지.

발바닥이 커서 모래에 빠지지 않고 오랫동안 걸을 수 있어.

내가 살고 있는 사막은 아주 뜨거운 곳이야. 비가 잘 내리지 않고, 한낮에는 평균 50도까지 올라가지. 하지만 밤이 되면 기온이 영하까지 떨어져. 이렇게 일교차가 크기 때문에 사막에서 살 수 있는 동물은 많지 않단다.

후보 2 자유로운 영혼 사막여우

몸에 비해 큰 귀를 가지고 있어서 체온을 조절할 수 있고, 귓속에 털이 아주 많아서 모래바람에도 끄떡없어.

땅굴 파기의 달인 두더지 **후보 3**

나는 어두운 땅속에서 살고 있어. 그래서 눈이 점점 퇴화하여 지금은 보이지 않을 정도로 작아졌지. 눈이 보이지 않지만 그만큼 촉각이 발달했어.

전 세계 어디에서도 살 수 있는 뱀 **후보 4**

난 다리가 없고 기어 다니기 때문에 멀리 있는 먹이를 빠르게 알아챌 수 없어. 그래서 두 갈래로 갈라져 있는 혀를 날름거리며 먹잇감의 냄새를 맡아. 내 혀는 곤충의 더듬이 같은 존재란다.

공로상 부리가 멋진 오리

빠르게 헤엄을 치는 오리의 발 모양을 활용해서 물갈퀴를 만들었어.

내 발을 잘 봐봐.

라이언이 어피치를 초대했습니다.

물고기는 아가미를 통해서 물속에서 숨을 쉬잖아.
그럼 식물은 어떻게 숨을 쉬는지 알아?

 식물? 글쎄… 식물은 아가미가 없는데….

어피치가 사이다쌤을 초대했습니다.

 쌤, 식물은 어떻게 숨을 쉬나요?

 식물의 잎에 호흡을 할 수 있는 구멍이 있단다.
이런 구멍을 '기공'이라고 불러.

우리 눈에 보이지 않는 구멍이 있구나.

 식물은 우리처럼 산소를 받아들이고 이산화 탄소를
내뱉는 호흡을 해. 반대로 이산화 탄소를 받아들여
산소를 내뱉는 광합성도 해.

식물의 호흡   …

이산화 탄소 → 광합성 → 산소

호흡

광합성을 하며 산소를 내뿜네?

 식물은 광합성을 통해 우리가 숨 쉴 때 필요한
산소를 만들어주는 아주 고마운 존재야.

동물과
식물의 호흡

 빨리 식물을 자세하게 공부하고 싶다♥   ☺ #

67

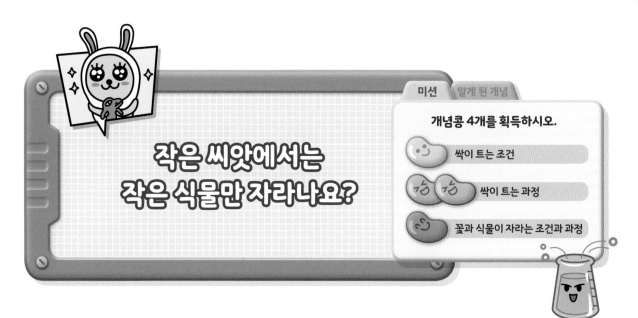

작은 씨앗에서는 작은 식물만 자라나요?

미션 | 알게 된 개념

개념콩 4개를 획득하시오.

싹이 트는 조건

싹이 트는 과정

꽃과 식물이 자라는 조건과 과정

작은 씨앗에서는
작은 식물만 자라나요?

씨앗의 크기와
식물의 크기가 항상
같은 건 아니야.

초 4-1 식물의 한살이

중3 생식과 유전

커져라 머신

목표 개념콩 **90** 개

모은 개념콩 **33** 개

신기해!

작고 단단한 씨앗에서
싹이 어떻게 자라는 거지?

작은 씨앗에선 작은
식물이 자라날 것 같지만
꼭 그렇지는 않아.

무지가 심은 사과나무의 씨앗도
크기는 아주 작지만 큰 나무가 자라지.
씨앗의 크기가 식물의 크기와
항상 같은 건 아니란다.

짜잔

자, 여기서 퀴즈!

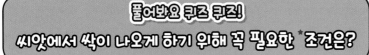

풀어봐요 퀴즈 퀴즈!
씨앗에서 싹이 나오게 하기 위해 꼭 필요한 *조건은?

저요 저요! 물이요!

온도 아닌가요?

햇빛이죠!

O   O   X

씨앗은 땅속에 있기
때문에 햇빛은 씨앗이
싹을 틔우는 데 큰 영향을
주지 않아.

헉!

개념콩 획득!
싹이 트는 조건

*조건 어떤 상태가 이루어지기 위해서 갖추어야 하는 요소

70

무지의 관찰 노트

강낭콩의 한살이

3~5일차
딱딱한 콩이 물을 먹으며 부풀어 올랐다.

5~7일차
뿌리가 껍질을 힘껏 밀며 나왔다.

뿌리

7~10일차
껍질이 벗겨지며 떡잎 두 장이 나왔다.

떡잎

10~12일차
흙 밖으로 나오며 떡잎 사이에 본잎이 나왔다.

떡잎

본잎

12~15일차
떡잎이 점점 시들며 본잎이 크게 자랐다.

본잎

떡잎

줄기

다 자란 강낭콩
시든 떡잎이 떨어지고 잎의 개수가 늘어나며 줄기가 두꺼워지고 길어진다.

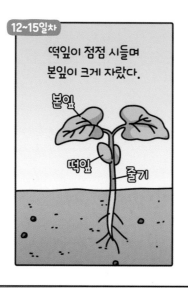

무지의 화분은 꽃이 피었네.

우아

내 화분은 시들어 버렸어.

힝~

식물이 잘 자라기 위해서는 물, 햇빛, 적당한 온도가 필요해. 무지는 사랑과 정성을 쏟아 강낭콩을 키웠구나.

열매를 맺는 과정

식물은 시간이 지나면 꽃이 자라기 시작한단다. 작은 몽우리가 꽃봉오리가 되고 꽃이 활짝 피지.

작은 몽우리	꽃봉오리	작은 꼬투리	다 자란 꼬투리	열매 속 씨앗

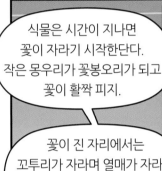

꽃이 진 자리에서는 꼬투리가 자라며 열매가 자라기 시작해. 꼬투리 속 씨앗이 떨어지면 다시 새로운 싹이 트는 한살이 과정을 반복한단다.

씨앗의 번식

꽃이 지면 열매가 자라는구나.

개념콩 획득!
꽃과 식물이 자라는 조건과 과정

알게 된 개념   미션

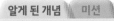
싹이 트는 조건 : 적당한 온도, 물

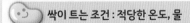
싹이 트는 과정 : 씨앗이 부풀어 오름 → 뿌리가 나옴 → 껍질이 벗겨지고 떡잎 두 장이 나옴 → 떡잎 사이로 본잎이 나옴
→ 떡잎이 시들며 본잎이 자람

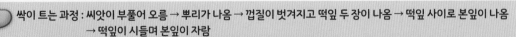
꽃과 식물이 자라는 조건과 과정 : 적당한 온도, 물, 햇빛
작은 몽우리 → 꽃봉오리 → 작은 꼬투리 → 다 자란 꼬투리

한해살이 식물과 여러해살이 식물로 나뉘어

한살이

나는 볍씨에서 싹이 트고,
잎과 줄기가 자라기 시작해.
그러다가 꽃이 피고 열매를
맺어 씨를 만들지.

친구 한해살이 식물 친구는 강낭콩,
옥수수, 호박, 감자, 오이 등이 있어.

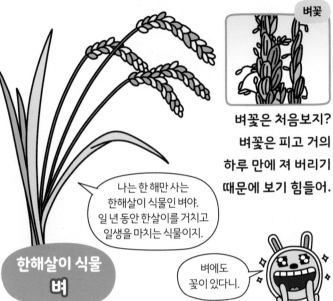

벼꽃

벼꽃은 처음보지?
벼꽃은 피고 거의
하루 만에 져 버리기
때문에 보기 힘들어.

나는 한해만 사는
한해살이 식물인 벼야.
일 년 동안 한살이를 거치고
일생을 마치는 식물이지.

한해살이 식물 벼

벼에도
꽃이 있다니.

나는 여러 해 동안 죽지
않고 살 수 있는 감나무야.
여러 해 동안 한살이의 일부를
반복하며 살아간단다.

한살이

여러해살이 식물 감나무

감나무는 열매가 떨어져도 나뭇가지가 죽지 않아.

친구 나처럼 여러 해 동안 사는 친구들은 개나리,
사과나무, 무궁화나무, 진달래 등이 있어.

저요! 저요! 풀어봐요

---

① 땅에서 사는 동물들의 특징을 바르게 알고 있는 카카오프렌즈는 누구일까요?

걷거나 기어서 이동하지.

아가미로 숨을 쉬어.

모든 동물은 땅 위에서만 살아.

땅에서 사는 모든 동물은 땅속에서도 살 수 있어.

---

② 암수가 비슷해서 구별하기 어려운 곤충을 말하고 있는 카카오프렌즈는 누구일까요?

어제 TV에서 꿩이 나왔어.

우리 집 창문에 무당벌레가 붙어있었어.

내가 제일 좋아하는 동물은 사자야.

사슴 뿔은 정말 멋있어.

---

③ 씨에서 싹이 트는 데 필요한 조건을 말하고 있는 카카오프렌즈는 누구일까요?

물이 있어야지.

햇빛만 있으면 돼.

시원한 바람이 불어야 돼.

땅속의 양분이 필요해.

---

4 곤충의 한살이 중 완전 탈바꿈의 순서를 이어 길을 찾아보세요.

출발

① 알

② 애벌레

③ 앞다리

④ 지렁이

⑤ 번데기

⑥ 날개

⑦ 더듬이

⑧ 어린이벌레

⑨ 어른벌레

도착

5 다음 **1**~**4**에 해당하는 용어를 모두 찾아 ◯표 해보세요.

1 씨에서 처음 싹 터 나오는 잎

2 물속에서 사는 동물들이 산소를 흡수해 숨을 쉴 수 있는 기관

3 동물의 새끼가 알을 깨고 밖으로 나오는 것

4 사자의 암수를 구분할 수 있는 머리의 털

부	화	산	아
산	나	무	가
꿀	뭇	갈	미
떡	잎	증	기

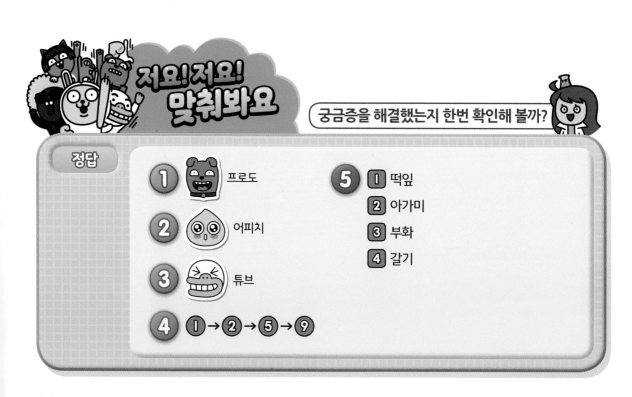

저요! 저요! 맞춰봐요

궁금증을 해결했는지 한번 확인해 볼까?

정답

1 프로도

2 어피치

3 튜브

4 **1** → **2** → **5** → **9**

5 **1** 떡잎
2 아가미
3 부화
4 갈기

우리 주변 물체의
무게와 특성

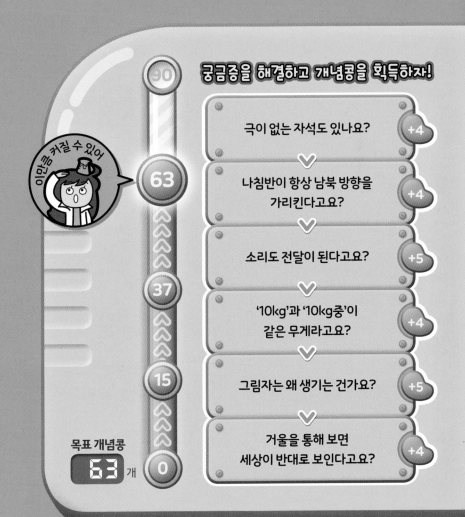

90

63

37

15

0

이만큼 커질 수 있어

목표 개념콩
63 개

궁금증을 해결하고 개념콩을 획득하자!

극이 없는 자석도 있나요? +4

나침반이 항상 남북 방향을
가리킨다고요? +4

소리도 전달이 된다고요? +5

'10kg'과 '10kg중'이
같은 무게라고요? +4

그림자는 왜 생기는 건가요? +5

거울을 통해 보면
세상이 반대로 보인다고요? +4

극이 없는 자석도 있나요?

미션 | 알게 된 개념

개념콩 4개를 획득하시오.

자석의 극

자석에 붙는 물체

자석의 특징

두리번 두리번

다급

네오!
어디에 있어?

라이언, 혹시
네오 못 봤니?

네오는 저쪽에 있던데?

울먹

울먹

네오, 한참 찾았잖아.

와 다다다

어휴 잠깐 떨어져
있었는데 오버하기는….

네오와 나는 N극과 S극이야.
절대 떨어질 수 없는 사이라고!

끄응

까야아

꼬옥~

극이 없다면
**자석의 성질을 잃은
자석**이야.

초 3-1 자석의 이용

중2 전기와 자기

커져라 머신

목표 개념콩
90 개

모은 개념콩
37 개

어피치, 너무 속상해하지 마.
쌤이 오늘부터 너의 S극이 되어줄게.
자석에 극이 없다면 그건
자석이라고 부를 수 없단다.

자석 안에는 우리 눈에 보이지 않지만
자석의 성질을 가지고 있는 *원자가 들어 있어.
이 원자 자석들이 나란히 줄을 맞추어 한 방향으로
줄을 서면 N극과 S극을 띠게 돼.

나는 앞면, 뒷면에
각각 N극과 S극으로
나누어져 있어.

*원자 물질을 이루는 가장 작은 알갱이

동전모양 자석

여기서 퀴즈!

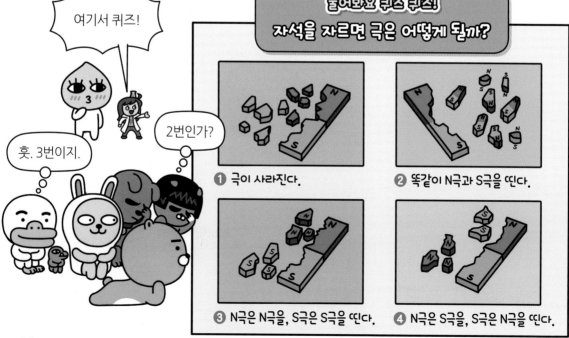

풀어봐요 퀴즈 퀴즈!
자석을 자르면 극은 어떻게 될까?

3

2번인가?

훗. 3번이지.

❶ 극이 사라진다.

❷ 똑같이 N극과 S극을 띤다.

❸ N극은 N극을, S극은 S극을 띤다.

❹ N극은 S극을, S극은 N극을 띤다.

모양도 힘도 모두 다양해

우리는 철로 된 물체가 자석의 성질을 띠게 할 수 있어.

내 위에 머리핀을 1분 동안 붙여봐. 그럼 내 힘이 머리핀까지 전달될 거야.

힘을 전달받은 머리핀에 클립을 붙이면 클립이 머리핀에 붙을 수 있어.

실험

내 몸에 클립을 붙여보면 많이 붙는 부분이 있을 거야. 이걸 통해서 내 몸에 극이 어디에 있는지 알 수 있어. 대부분 양쪽 끝에 N극과 S극이 존재하는데 이곳이 바로 힘이 가장 센 부분이란다.

슈퍼 파워 전달!

힘

보관 방법

나를 보관할 때는 특별히 주의해 줘. 특히 양쪽 극의 힘이 빠지지 않도록 다른 극끼리 마주 보도록 보관해야 해. 아니면 철 조각을 붙여줘도 좋아. 내 위에 무거운 물건을 올려놓지 말고 서늘한 곳에서 보관해 준다면 오랫동안 날 볼 수 있을 거야.

패밀리

우리 자석 패밀리에는 다양한 생김새를 한 자석들이 있어. 생김새는 모두 다르지만 성격은 같아.

난 말 발굽처럼 생겼다고 해서 말굽자석이라는 이름이 붙여졌어.

작아도 힘은 최고!

길고 날씬하지? 난 둥근기둥 모양 자석이야.

보기에는 작지만 강한 힘을 가지고 있는 동전모양 자석이야.

동전모양 자석이 냉장고에 붙어 있는 걸 봤어.

사이다쌤이 어피치와 네오를 초대했습니다.

너희들 자석에 대해서 많이 공부했니?

 네~

자석은 정말 신기한 것 같아요.

 생활 속 자석을 이용한 물건에는 또 뭐가 있나요?

자석은 우리의 생활을 정말 편리하게 만들어줘.

가방에 자석 단추를 달아 손쉽게 가방을 열고 닫을 수도 있고, 자기부상열차를 타고 빠르게 여행을 갈 수도 있지.

 자기부상열차요?

자기부상열차

자석끼리 밀어내는 힘을 이용하여 움직이는 열차. 열차 바닥의 자석과 선로의 자석은 같은 극으로, 서로 밀어내는 힘을 통해 열차가 뜰 수 있다. 열차의 앞쪽 선로는 열차의 자석과 반대 극을 가지고 있어 열차를 앞으로 끌어당기는 힘이 작용하여 열차가 이동할 수 있다.

열차가 이동해 오면 순간적으로 선로의 자석이 열차와 같은 극으로 바뀌어 열차가 선로에 계속 뜬 채로 앞으로 갈 수 있는 거란다.

 완전 신기하다. 열차가 공중에 떠 있다니….
자석 덕분에 우리 생활이 편리해졌구나.

 자석이 없었다면 저렇게 빠른 열차를
타지 못했을 거야.

서로 밀어내는
자석의 성질을 이용한
자기부상열차

다다 안녕~

근데 여기가 어디야?

아까 왔던 곳 같은데….

우리 길을 잃었나봐!

오잉?

오앙

나침반이 있다면 방향을 알 수 있을 텐데.

나침반으로 어떻게요?

또륵

나침반 바늘을 보면 남북 방향을 알 수 있거든.

호잇

나침반이 남북을 가리킨다고요?

아핫!

잠깐! 어제 내가 나침반을 챙겼거든.

대박

튜브에게 궁금증이 생겨 개념콩을 획득할 수 있습니다

나침반이 항상 남북 방향을 가리킨다고요?

지구는 하나의 **큰 자석**이라 자석으로 만들어진 나침반의 바늘을 끌어당기기 때문이야.

초 3-1 자석의 이용

중2 전기와 자기

커져라 머신

목표 개념콩 **90** 개

모은 개념콩 **4** 개

어디 보자….

이쪽인 것 같아!

타앗

쌤, 나침반 바늘이 저절로 움직이는 건가요?

설마 마법?

저절로 움직이는 건 아니란다.

나침반은 자석의 성질을 이용해서 만든 방향을 찾는 도구야. 나침반의 바늘이 자석으로 되어 있기 때문이지.

같은 극끼리는 서로 밀어내는 자석의 성질을 이용한 거군요.

막대자석의 N극을 나침반에 가져간다면 나침반의 S극 바늘이 자석의 N극 쪽으로 끌려올 거야.

N S

지구도 자석의 성질을 가지고 있는 하나의 큰 자석이야.
지구의 북쪽은 S극, 남쪽은 N극을 띠고 있어.
나침반은 이러한 지구의 *자기장을 이용한 도구란다.

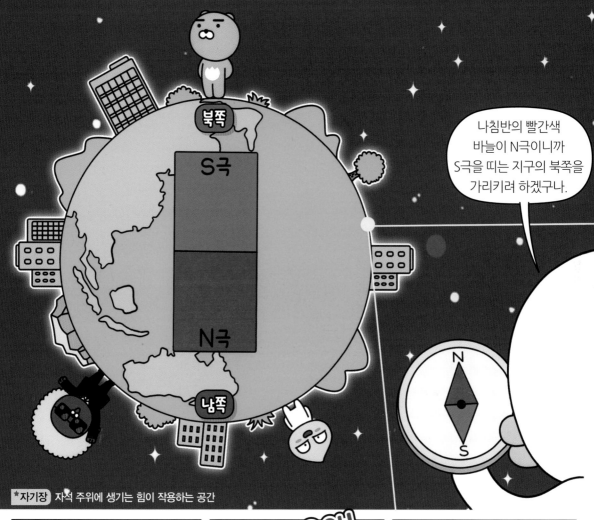

북쪽

S극

N극

남쪽

나침반의 빨간색
바늘이 N극이니까
S극을 띠는 지구의 북쪽을
가리키려 하겠구나.

N

S

자기장 자석 주위에 생기는 힘이 작용하는 공간

지구가
큰 자석이었다니.

나침반 바늘이
움직이는 건
마법이 아니었어.

개념콩 획득!
나침반

으앗!

쨍그랑

나침반이
작동을 안 해.

이제 방향을
어떻게 찾지?

헐

나침반이 없어도 태양을 보면 방향을 알 수 있어. 태양은 동쪽에서 떠서 남쪽 하늘을 지나 서쪽으로 진단다. 아침 시간이라면 태양이 떠 있는 쪽이 동쪽이니 방향을 찾을 수 있겠지?

나침반이 없을 때는 태양의 위치를 보면 방향을 알 수 있어.

...개념콩 획득!
나침반과 방향

생활 쏙! 과학 탐구

과정 바늘 나침반 만들기

■ 준비물 : 바늘, 자석, 넓은 그릇, 물, 수수깡, 나침반

1. 바늘의 뾰족한 부분을 자석의 N극에 한 방향으로 문지른다.
2. 바늘을 수수깡에 꽂는다.
3. 바늘을 물이 담긴 그릇 위에 띄운다.
4. 바늘의 움직임이 멈췄을 때 뾰족한 부분이 가리키는 방향과 나침반의 방향을 비교한다.

결과 바늘의 뾰족한 부분이 가리키는 방향은 나침반 N극의 방향과 같다.

지구의 북쪽은 S극을 띠고 있다.

알게 된 개념	미션

 나침반 : 지구의 북쪽은 S극이기 때문에 항상 나침반의 N극이 북쪽을 가리킨다.

 나침반과 방향 : 나침반이 없다면 태양의 위치를 통해 방향을 알 수 있다.

자석의 특징을 이용한 인류 최고의 발명품

내 얼굴에는 N, E, W, S가 적혀 있어.
N은 북쪽(North)을 말하고, E는 동쪽(East),
W는 서쪽(West)을 말해. S는 남쪽(South)을
가리키지.

내 이름은 정화.
나침반을 이용한 중국의
유명한 항해가이지.

외모

탄생

나는 중국인들에 의해 발명되었어.
항해에 이용된 것은 약 1,000년 전이고,
항해에 없어서는 안 될 물건이었단다.
내가 방향을 찾아주었기 때문에
신대륙의 발견도 가능했고 나라들
사이의 왕래도 가능하게 된 거야.

내비게이션이 있다면
어디든 갈 수 있어.

라이벌

요즘엔 GPS를 통해서 길을 찾을 수 있어.
GPS는 인공위성에서 보내는 정보를 통해
현재의 위치와 속도, 길의 방향까지
알 수 있는 시스템이야.
사람들이 GPS가 나타난 이후로
나를 거의 사용하지 않기 시작했어.

아플 땐 바로
치료해야해.

아플 때 치료 방법

내가 만약 아파서 기능을
하지 못한다면 극이 반대인
막대자석 두 개 사이에
놓은 후 바늘이 있는 부분을
손가락으로 톡톡 쳐줘.
천천히 친 후 몇 초간
그대로 두면 바늘이
다시 제대로 된 방향을
가리킬 거야.

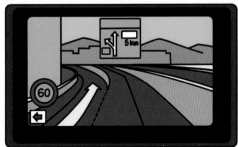

소리도 전달이 된다고요?

미션　알게 된 개념

개념콩 5개를 획득하시오.

소리가 나는 방법

소리의 전달

소리의 반사

따라라~
따라란
YO!

으잉?

쿵짝 쿵짝

무슨 소리가
들리는데?

♪~

음악실

쿵쿵 쿵 ♪~

음악실 문이
떨리잖아?

끼익

제이지, 음악을 듣고 있었구나.
밖에서 음악 소리가
들려서 들어왔어.

정말? 문을 닫았는데
어떻게 소리가 나갔지?

제이지에게 궁금증이 생겨 개념콩을 획득할 수 있습니다

커져라 머신

60 55 50 45 40

목표 개념콩
90 개

모은 개념콩
45 개

소리도 전달이 된다고요?

소리는
진동을 하며 전달 돼.

초 3-2 소리의 성질

중1 빛과 파동

제이지의 음악 소리가
들려서 들어왔어요.

너희들 음악실에
있었구나.

소리가 난다는 건 정말 신기하지?
물체에서 소리가 날 때,
물체가 떨리는 걸 볼 수 있을 거야.
목에 손을 대고 소리를 내보렴.

아~   아~

대박

목에서 떨림이
느껴져요!

히야!

목에 있는 성대가 떨리며
목소리가 나오기 때문이야.
이렇게 물체가 떨리는 현상을
*진동이라고 한단다.

*진동 물체가 울리며 흔들림

제이지가 듣던 스피커에서도
떨림을 느낄 수 있어. 소리가
나지 않을 때는 떨림이 없지만

조용~

음악이 나올 때
손을 대보면 떨림을
느낄 수 있단다.

쿵짝

오호~

쿵짝

91

소리는 딱딱한 물체를 만나면 잘 반사되고, 스펀지 같은 부드러운 물체에는 흡수되는 성질을 가지고 있기 때문이란다.

음악실 문에는 부드러운 스펀지로 된 *방음판이 붙어있어.

그래서 음악 소리가 그대로 밖으로 나가지 않고 흡수되어 복도에 있던 라이언에게 작게 들렸던 거야.

*방음판 소리가 밖으로 새어 나가거나 밖의 소리가 안으로 들어오지 않도록 설치하는 판

텅 빈 체육관에서 손뼉을 치면 흡수되는 소리가 적고, 딱딱한 벽에 부딪혀 반사되기 때문에 손뼉 소리가 *메아리처럼 들리는 거지.

음악실에서는 음악을 편하게 들어도 되겠구나~

개념콩 획득! 소리의 반사

*메아리 울려 퍼지던 소리가 물체에 부딪쳐 되돌아오는 현상

생활 쏙! 과학 탐구

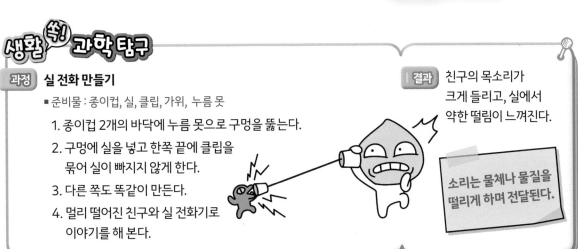

과정 실 전화 만들기

■ 준비물 : 종이컵, 실, 클립, 가위, 누름 못

1. 종이컵 2개의 바닥에 누름 못으로 구멍을 뚫는다.
2. 구멍에 실을 넣고 한쪽 끝에 클립을 묶어 실이 빠지지 않게 한다.
3. 다른 쪽도 똑같이 만든다.
4. 멀리 떨어진 친구와 실 전화기로 이야기를 해 본다.

결과 친구의 목소리가 크게 들리고, 실에서 약한 떨림이 느껴진다.

소리는 물체나 물질을 떨리게 하며 전달된다.

알게 된 개념   미션

소리가 나는 방법 : 소리가 날 때는 물체가 진동한다.

소리의 전달 : 소리는 고체, 액체, 기체 모든 상태를 통해서 전달될 수 있다.

소리의 반사 : 소리는 딱딱한 물체를 만나면 반사되고, 부드러운 물체를 만나면 흡수된다.

소리는 말이야

눈에 보이지 않지만 진동하고 있어

나는 공기가 있어야 진동을 하며 전달될 수 있어. 공기가 없다면 진동시킬 수 있는 물질이 없어 전달될 수 없고 난 전혀 들리지 않지. 진공 상태인 우주에서는 바로 옆에 있는 사람에게 아무리 고함을 쳐도 소리를 들을 수 없기 때문에 우주복에 있는 무선 통신기를 통해 서로 의사소통을 한다.

> **조건**

> 토순이 바보~

> 우주에서는 아무리 북을 쳐도 들리지 않겠네.

들을 수 없는 소리

소리의 높낮이에 영향을 주는 *진동수의 단위를 Hz(헤르츠)라고 해. 사람이 들을 수 있는 소리의 범위는 16Hz~2,000Hz 사이란다. 그보다 높은 진동수는 초음파라고 부르지. 박쥐는 이런 초음파를 들을 수 있을 정도로 귀가 밝은 동물 중 하나야.

내 짝꿍

귀가 없다면 날 들을 수 없기 때문에 내 짝꿍은 귀야. 물체가 소리를 내며 발생하는 진동은 공기를 통해 귀 안에 있는 고막을 떨리게 해. 그 떨림을 통해 사람들은 소리를 들을 수 있는 거란다.

> 나는 아무것도 안 들려.

> 난 너희가 들을 수 없는 소리도 들을 수 있어.

*진동수 1초 동안 진동하는 횟수, 주파수라고도 함

94

제이지가 사이다쌤, 라이언, 어피치를 초대했습니다.

아휴, 졸려.

 제이지, 왜 그래? 잠을 못 잤어?

어제 옆집에서 밤새도록 노래를 부르는 거 있지.
Hz(헤르츠)가 너무 커서 잠을 하나도 못 잤어.

 제이지, 정말 피곤하겠다. 그런데 소리의 세기를 나타내는
단위는 Hz(헤르츠)가 아니라 dB(데시벨)로 나타낸단다.

오잉? 쌤, 그럼 Hz(헤르츠)와 dB(데시벨)은
뭐가 다른 거예요?

 Hz(헤르츠)는 소리의 높고 낮음을 나타내는 단위이고,
dB(데시벨)은 소리의 상대적 세기를 나타내는 단위야.

> **# dB(데시벨)**   ⋯
>
> *진폭과 관련된 소리의 세기
> 를 나타내는 단위로 진폭이
> 클수록 소리도 크다. 일상생
> 활 속 대화는 약 60dB 정도
> 이고, 차가 많이 다니는 도로는 약 80dB이다. 80dB 이상의
> 소음을 오랫동안 들으면 청각 장애가 올 수도 있다.
>
> ***진폭** 진동의 폭

 어젯밤 제이지 집의 dB(데시벨)은 엄청 높았을 거야.

 dB(데시벨)은 소리의 상대적인 세기를 나타낸 거구나.

소리의 단위

 오잉? 제이지가 말이 없어. 잠들었나 봐.

'10kg'과 '10kg중'이
같은 무게라고요?

미션 | 알게 된 개념

개념콩 4개를 획득하시오.

무게의 단위

무게의 비교

요즘 너무 운동은 안 하고 먹기만 했나봐.

낑낑

네오야 뭐해?

앗

조심스레~

10kg이네. 살이 좀 찐 것 같아.

으앙

10

흐음

어제 인터넷에서 봤는데 kg은 *무게를 재는 단위가 아니래. 우리가 잘못 알고 있는 거라던데?

*무게 지구가 물체를 끌어당기는 힘의 크기

낄낄낄

내 몸무게도 10kg중이거든. 네오 너랑 같은 무게인 거지.

10kg이랑 10kg중이 같은 무게라고?

뭐?

네오에게 궁금증이 생겨 개념콩을 획득할 수 있습니다

96

'10kg'과 '10kg중'이
같은 무게라고요?

무게를 재는 정확한
단위는 'kg중'이지만
'kg'과 같은 의미로 사용해.

초 4-1 물체의 무게

중1 여러 가지 힘

목표 개념콩
90 개

모은 개념콩
49 개

이거 봐봐.

선생님, 무게를 재는
단위는 무엇인가요?

무게를 측정하는
정확한 단위는
kg중입니다.

헐~

사이다쌤에게
물어봐야겠어.

'kg중', 'g중'은
무게를 나타내는 단위이고 kg,
g은 질량을 나타내는 단위이지만
두 개의 단위는 일상생활에서는
같은 의미로 사용한단다.
지구의 같은 장소에서
무게와 질량을 재면 그 크기가
같기 때문에 무게의 단위를 질량의
단위로도 사용하는 거야.

kg과 kg중은
같구나.

아잉~

개념콩 획득!
무게의 단위

네오, 이제 운동하러
나가자.

Go!
Go!

폴짝

네오가 무지보다 뒤에 앉아 있기 때문이야.
몸무게가 같기 때문에 가운데 *받침점을 기준으로
같은 거리만큼 떨어져 있어야 *수평을 잡을 수 있단다.

받침점 물체를 받치고 있는 부분

수평 한쪽으로 기울지 않은 평평한 상태

만약 무게가 다르다면 무거운 물체는
받침점과 가깝게, 가벼운 물체는 받침점과
더 멀리 놓는다면 수평을 잡을 수 있을 거야.

개념콩 획득!
무게의 비교

알게 된 개념 | 미션

 무게의 단위 : 'kg중', 'g중'

 무게의 비교 : ① 수평잡기를 할 때 받침점으로부터 같은 거리에 놓인 물체는 무게가 같다.
② 수평잡기를 할 때 받침점에 가까이 놓인 물체가 더 무겁다.

98

지구가 끌어 당기는 힘의 크기야

나를 눈으로 확인하고 싶다면 용수철에 추를 걸어봐. 추의 무게가 무거울수록 용수철이 늘어나는 길이도 길어질 거야. 그 이유는 추가 무거울수록 지구가 추를 끌어당기는 힘이 커지기 때문이야.

나를 확인할 수 있는 도구인 저울에는 종류가 아주 많아. 그중 용수철의 성질을 이용한 저울을 볼까?

도구

내 이름은 용수철 저울. 무게에 따라 용수철이 늘어나는 길이로 무게를 표시할 수 있어.

확인할 수 있는 방법

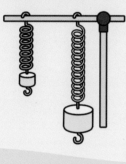

난 주로 음식의 무게를 재는 가정용 저울이야.

무게

비교하는 방법

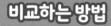

어느 것이 더 무거울까?

무게는 저울로 재는 게 제일 정확하지.

수평잡기 원리를 이용한 저울은 저울이 기우는 방향을 통해 어느 쪽이 무거운지 비교할 수 있어.

내 이름은 양팔저울이야. 나는 두 개의 물체의 무게를 비교할 수 있지.

나도 양쪽에 물체를 올려놓고 무게를 비교하는 윗접시 저울이야.

나를 정확하게 비교하기 위해서는 저울이라는 도구를 이용하는 게 좋아. 손으로 직접 들어서 비교하면 정확하게 비교할 수 없거든.

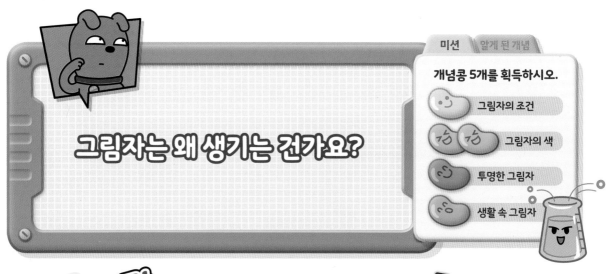

그날 밤

난 하나도 무섭지 않아.

번쩍 쾅!

꿀꺽 호호호호

스으으

깜짝

으악! 저게 뭐야? 귀신이다!!

또악

뭐야? 옷이었구나.

끼응

불을 켜고 자야겠어.

탁

*그림자는 왜 자꾸 생기는 거야.

무서워~

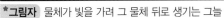

*그림자 물체가 빛을 가려 그 물체 뒤로 생기는 그늘

프로도에게 궁금증이 생겨 개념콩을 획득할 수 있습니다

그림자는 왜 생기는 건가요?

물체가 **빛**을 **통과시키지 못해서** 생기는 거야.

초 4-2 그림자와 거울

중1 빛과 파동

커져라 머신

60 55 50 45 40

목표 개념콩 **90** 개

모은 개념콩 **54** 개

프로도, 어제 잠을 못 잔거야? 눈이 퀭해.

어제 귀신 얘기 때문에 무서워서 못 잤구나?

퀭~

아니야. 그림자 때문이야. 그림자만 아니었어도….

쌤, 그림자를 없앨 수 있는 방법은 없나요?

빛을 없애면 된단다. 그림자는 빛이 있어야 생길 수 있거든.

빛은 *직진하는 성질을 가지고 있는데, 앞으로 나아가던 빛이 물체를 통과하지 못하면 그 뒤에 그림자가 생기는 거야.

어젯밤에 빛이 옷을 통과하지 못했던 거구나.

좌악

빛과 물체는 그림자가 생길 수 있는 조건이야. 그래서 흐린 날에는 그림자가 잘 생기지 않는 거란다.

검은색 말고 무지개색 그림자는 없나요?

맞아. 무지개색 그림자가 있으면 예쁠 텐데.

둥가 둥가

*직진 꺾임 없이 곧게 나아감

개념콩 획득! 그림자의 조건

세상에 검은색 그림자만 있는 건 아니야. 셀로판지는 일부 색의 빛깔을 *통과시키기 때문에 셀로판지 색깔 그대로 그림자가 생긴단다.

*통과 어떤 곳을 통하여 지나감

색이 정말 예쁘다.

셀로판지는 빛을 통과시키는구나.

알록달록

개념콩 획득!
그림자의 색

이번엔 밖에 나가서 직접 관찰해 보자.

투명한 물체는 대부분의 빛이 통과하기 때문에 연한 그림자가 생기거나 거의 생기지 않고, 불투명한 물체는 진한 색의 그림자가 생겨.

셀로판지나 비닐우산, 유리컵, OHP필름 같은 투명한 물체는 그림자가 연하군요.

불투명한 물체는 그림자가 진해.

개념콩 획득!
투명한 그림자

우리 생활에서 그림자가 생기는 것을 이용해 생활을 편리하게 만드는 물건이 아주 많단다. 양산, 모자, 커튼 등도 모두 빛이 통과하지 못하는 성질을 이용했지.

그림자를 잘 활용하면 우리 생활이 편리해지겠어.

하하하

개념콩 획득!
생활 속 그림자

알게 된 개념 | 미션

그림자의 조건 : 빛과 물체가 있어야 그림자가 생길 수 있다.

그림자의 색 : 일부 색을 통과시키는 물체는 그 색의 그림자가 생길 수 있다.

투명한 그림자 : 투명한 물체는 빛을 통과시키기 때문에 연한 그림자가 생긴다.
불투명한 물체는 빛을 통과시키지 못하기 때문에 진한 그림자가 생긴다.

생활 속 그림자 : 그림자가 생기는 것을 이용하면 생활이 편리해진다. 예 양산, 모자, 커튼, 선글라스 등

그림자는 말이야

빛이 있다면 항상 물체를 따라다니는 껌딱지

나도 멋진 해시계를 갖고 싶어.

훌륭한 우리 조상님들은 나를 활용해서 '앙부일구'라는 해시계를 만들었어. 태양은 시간에 따라 위치가 다르기 때문에 그림자가 아침에는 서쪽으로 길어졌다가 점점 짧아진 후 저녁이 되면 동쪽으로 길어지지. 앙부일구는 이 사실을 이용해 만든 시간을 알 수 있는 해시계야. 그림자를 이용한 시계라니, 정말 멋지지 않니?

조선 시대 발명품

내가 존재하기 위해서 꼭 필요한 짝꿍은 빛이야. 물체에 빛을 비춰야만 빛이 통과하지 못하는 물체의 뒤에 내가 생길 수 있거든. 우린 절대로 뗄 수 없는 관계란다.

내 짝꿍

빛이 곧게 나아가다가 물체에 막히면 반대편에 내가 생겨.

내 짝꿍은 네오야.

변하는 모습

같은 물체라도 놓인 모습, 빛의 방향에 따라서 나의 모습은 변할 수 있어. 빛을 물체에 가깝게 비춘다면 크기 또한 더 커지지.

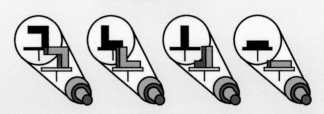

사이다쌤이 프로도와 어피치를 초대했습니다.

얘들아, 너희가 열심히 과학 공부를 해서 쌤의 키가 정말 많이 커진 것 같아. 고마워♥

 저희가 쌤이 완전히 돌아올 수 있도록 꼭 노력할게요.🍑

너희들, 우리가 색을 볼 수 있는 이유는 뭐라고 생각하니?

 색? 그냥 눈으로 색을 보는 거 아닌가요?

그렇지. 그런데 사실은 여러 색의 빛 중에서 물체에 반사된 색의 빛을 눈으로 보는 거란다.

 헐~ 그럼 빨간색 사과는 빨간색 빛이 반사된 건가요?

맞아. 빨간색 사과는 빨간색만 반사하고 다른 색을 흡수하기 때문에 빨간색으로 보이는 거야. 또 흰 종이는 모든 빛을 반사하기 때문에 흰색으로 보이는 거란다.

 우리가 색을 볼 수 있는 이유에도 물체가 빛을 흡수하고 반사하는 원리가 담겨있었다니….

 우리 생활 속에 숨겨진 과학이 정말 많은 것 같아요. 과학이 점점 더 재미있어지는 걸요~?

과학이 어렵기만 한 건 아니지?

빛의 반사와
흡수

 ☺ #

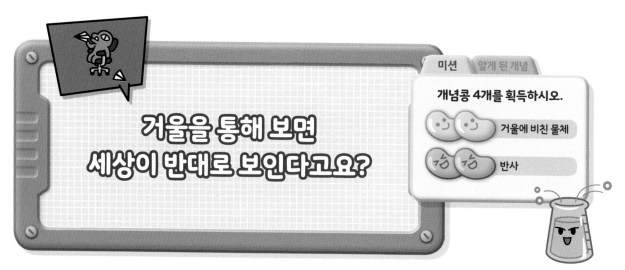

거울을 통해 보면 세상이 반대로 보인다고요?

콘에게 궁금증이 생겨 개념콩을 획득할 수 있습니다

커지라 머신

60 55 50 45 40

목표 개념콩
90 개

모은 개념콩
59 개

거울을 통해 보면
세상이 반대로 보인다고요?

거울에 비친 모습은
상하는 그대로이고
좌우가 바뀐 모습이야.

초 4-2 그림자와 거울

중1 빛과 파동

내가 오른손을 들고 있는데
거울 속에서는 왼손을 들고 있는
것처럼 보여.

신기하다

글씨도
반대로 보이네?!

헐~

쌤, 거울로 보면
모든 게 반대로 보여요?

얍!

거울을 보면 좌우가 바뀌어
보이는데 거울은 모든 것을
그대로 *반사하는 특징을 가
지고 있기 때문이야. 그래서
오른손을 들면 거울에 비친
모습도 바라보는 방향에서의
오른손을 든 모습인 거란다.

*반사 빛이나 전파가 물체의 바깥쪽에 부딪혀 되돌아가는 현상

거울은 상하는 바뀌지 않고
좌우만 바뀌어 보이는 구나.

개념콩 획득!

거울에 비친 물체

거울이
반사를 한다고?

쌤, 그런데
반사하는 게
뭐예요?

긁적

갸웃

빛이 거울에 부딪치면 방향이 바뀌는데, 이러한 성질을 빛의 반사라고 해.

거울은 빛의 반사 성질을 이용해서 물체의 모양을 비출 수 있는 거란다. 우리가 거울로 물체를 볼 수 있는 이유는 물체에 부딪혀 반사된 빛이 거울에 반사되어 우리 눈에 들어오기 때문이야.

꺄~

나는 손전등의 반대쪽에 있는데 빛이 보여.

거울 반사 놀이

내 자리에서는 빛이 안 보이는데….

개념콩 획득!
반사

생활 쏙! 과학 탐구

과정 거울 장난감 만들기

■ 준비물 : 아크릴 거울 세 장, 검은색 테이프, 반투명 종이, 색종이, 검은색 도화지

1. 아크릴 거울 세 장을 거울이 있는 면이 안쪽으로 향하게 접어 삼각형 모양을 만든다.
2. 검은색 테이프를 붙여 삼각형 기둥에 빛이 들어가지 않게 한다.
3. 밑면에 반투명 종이를 붙이고 색색의 색종이 조각을 잘라서 넣는다.
4. 검은색 도화지에 구멍을 뚫고 삼각형 기둥의 윗면을 덮는다.

결과 색종이 조각이 거울에 반사되어 예쁜 모양의 무늬가 보인다.

거울은 빛을 반사한다.

알게 된 개념 미션

거울에 비친 물체 : 거울에 비친 물체는 좌우가 반대로 보인다.

반사 : 빛이 거울에 부딪치면 방향이 바뀐다.

반사된 모습을 그대로 보여줘

우리 거울 패밀리는 생김새도 다르고 성격도
다르단다. 오목 거울은 가까이 있는 물체가
더욱 크게 보이게 할 수 있어. 볼록 거울은
물체를 실제보다 작지만 넓은 범위를
보이게 할 수 있지.

패밀리

내 모습은
정말 아름다워.

탄생 배경

최초의 거울은 연못이나
강 표면에 비친 모습이야.
반짝이는 물 위에 자신의 모습이
그대로 비치는 것을 보고
반짝이는 돌을 갈아
나를 만들기 시작했지.

오목 거울은 숟가락의
앞면처럼 안으로 휘어
들어간 거울이야.

오목 거울

볼록 거울은 숟가락의
뒷면처럼 밖으로 튀어
나온 거울이야.

볼록 거울

만날 수 있는 곳

거울 덕분에
생활이 편리해졌어.

볼록 거울은
평면 거울보다 넓은 범위를
비출 수 있어서 편의점 등의
보안 거울로 자주 쓰여.

밀폐된 엘리베이터 안의
거울은 공간이 더 넓어 보이는
효과를 줄 수 있어.
또, 휠체어를 탄 사람이
출입문을 등지고 있더라도
쉽게 문이 열렸는지
확인할 수 있지.

운전을 할 때는 뒤를 돌아볼 수 없어.
거울을 이용하면 뒤에서
차가 오는지 쉽게 확인할 수 있단다.

1 자석의 성질에 대해 올바르게 알고 있는 카카오프렌즈는 누구일까요?
정답
스티커

자석을 쪼개면
극이 사라질걸?

자석은 철을
끌어당겨.

극이 하나인
자석도 있지.

빨대도
자석에 붙어.

2 평면 거울에 물체를 비췄을 때 보이는 모습에 대한 설명을 바르게 한
카카오프렌즈는 누구일까요?
정답
스티커

실제보다
크게 보여.

실제와 상하가
바뀌어 보여.

실제와 색이
다르게 보여.

실제와 좌우만
바뀌어 보여.

3 그림자에 대해 잘못 설명하고 있는 카카오프렌즈는 누구일까요?
정답
스티커

투명한 물체는
빛을 흡수하기 때문에
진한 그림자가 생겨.

그림자는 물체의
반대쪽에 생기지.

그림자의 색이
꼭 검은색만 있는 건
아니야.

그림자가 생기기
위해서는 빛이
있어야 해.

110 정답은 112쪽에 있어요.

4 일상생활에서 무게를 측정하는 방법을 사용하지 않은 카카오프렌즈는 누구일까요?

음식을 만들 때 필요한 재료의 양을 측정했어.

물의 온도를 알기 위해 측정했어.

마트에서 과일의 무게를 측정해서 가격표를 붙였어.

태권도 경기에서 체급을 나누기 위해 측정했어.

5 막대자석의 N극과 S극의 특징을 바르게 연결해 보세요.

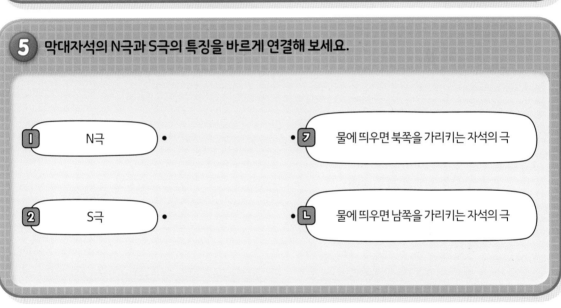

① N극 •

• ㉠ 물에 띄우면 북쪽을 가리키는 자석의 극

② S극 •

• ㉡ 물에 띄우면 남쪽을 가리키는 자석의 극

6 다음 문장을 읽고 맞으면 ○, 틀리면 ✕를 표시해 볼까요?

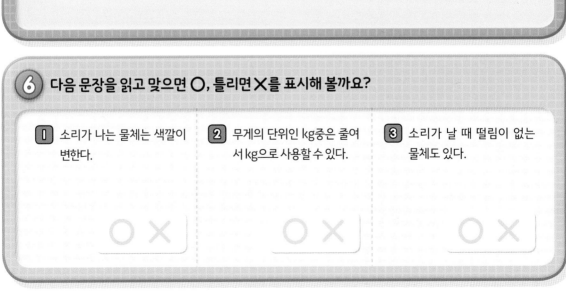

① 소리가 나는 물체는 색깔이 변한다.

② 무게의 단위인 kg중은 줄여서 kg으로 사용할 수 있다.

③ 소리가 날 때 떨림이 없는 물체도 있다.

○ ✕   ○ ✕   ○ ✕

7 다음 **1**~**4**에 해당하는 용어를 모두 찾아 ◯표 해보세요.

1 소리는 물체 또는 물질이 ◯◯하며 전달

2 무거운 물체를 가벼운 물체보다 가까이 놓아야 하는 기준점

3 빛이나 전파가 물체에 부딪혀 되돌아가는 현상

4 무게를 정확하게 잴 수 있는 도구

공	부	방	송
반	저	울	받
사	용	림	침
진	동	화	점

저요! 저요! 맞춰봐요

궁금증을 해결했는지 한번 확인해 볼까?

정답

1 튜브

2 네오

3 라이언

4 프로도

5 **1**——**ㄱ** **2**——**ㄴ**

6 **1** ✕ **2** ◯ **3** ✕

7 **1** 진동 **2** 받침점 **3** 반사 **4** 저울

4

우리 지구와
우주 이야기

이만큼 커질 수 있어

90

63

37

15

0

목표 개념콩
90 개

궁금증을 해결하고 개념콩을 획득하자!

왜 달의 표면은 울퉁불퉁한가요? +5

왜 우리는
지구에서만 살 수 있나요? +4

땅에 있는 흙이
다 같은 흙이 아니라고요? +4

땅에도 층이 있다고요? +5

사람 화석도 있나요? +4

한라산이 화산이라고요? +5

라이언에게 궁금증이 생겨 개념콩을 획득할 수 있습니다

115

왜 달의 표면은 울퉁불퉁한가요?

우주를 떠돌던 운석이 달 표면에 충돌했기 때문이야.

초 3-1 지구의 모습

중2 태양계

커져라 머신

85
80
75
70
65

목표 개념콩
90 개

모은 개념콩
63 개

*운석 우주를 떠돌던 암석이 대기 중에서 다 타지 않고 땅에 떨어진 것

달에는 공기가 존재하지 않아서 우주를 떠돌아 다니는 운석을 막아줄 수 없고, 운석이 부딪혀 한번 생긴 구덩이는 사라지지 않는단다.

나 잡아 봐라~

우주를 떠돌던 운석이 달 표면에 충돌하며 상처가 생겼어.

달의 표면에서 어둡게 보이는 부분은 '달의 바다'라고 불러. 달의 바다는 *현무암질의 *용암 대지여서 다른 표면보다 더 어두운 색을 띠는 거란다.

달의 밝은 부분은 '달의 고지'라고 해.

돌덩이가 세게 부딪혔다면 더 깊은 구덩이가 생겼을 거야. 그래서 충돌 구덩이라고 하는구나.

*현무암질 용암이 빠르게 굳어 만들어진 암석인 현무암의 특징을 가진 것
*용암 대지 현무암질 화산의 용암이 대량으로 흘러나와 형성된 평탄한 땅

개념콩 획득!
달의 표면

116

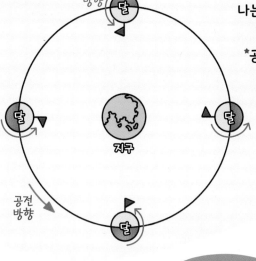

자전 방향

달

달 · 지구 · 달

공전 방향

달

지구에서 날 보면 항상 같은 쪽의 얼굴만 보여. 왜 그럴까? 나는 지구의 주위를 일정한 주기로 *공전하면서 스스로 *자전하는데 이 주기가 똑같기 때문이야. 만약 나의 *공전주기와 *자전주기가 달랐다면 나의 예쁜 다른 쪽 얼굴도 볼 수 있었을 텐데 말이야.

얼굴

나는 스스로 빛을 내지 못하기 때문에 반사된 태양 빛을 통해서 빛나는 거야. 지구 주위를 돌다 보면 태양의 빛을 받는 부분이 지구에서 거의 보이지 않을 수도 있어. 그래서 동그란 얼굴을 보지 못할 수도 있단다. 내 얼굴 모양에 따라 부르는 이름도 따로 있어. 오늘 밤에 내 얼굴 모양은 어떤지 한번 하늘을 봐봐.

모양의 변화

초승달 · 보름달 · 그믐달

다른 위성과 차이점

태양계에는 *위성을 가지고 있는 행성들이 많지만 난 특별한 위성이야. 다른 위성은 자신이 도는 행성보다 훨씬 작은 크기지만 나는 지구 지름의 $\frac{1}{4}$ 이나 되는 덩치가 큰 위성이지.

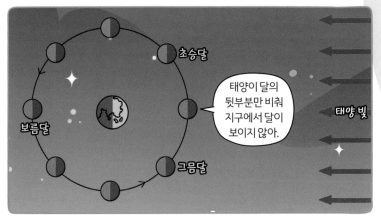

초승달

태양이 달의 뒷부분만 비춰 지구에서 달이 보이지 않아.

보름달

그믐달

태양 빛

태양계에 있는 위성 중 달이 5번째로 크대.

---

*공전 천체가 다른 천체의 주위를 도는 것 　*자전 천체가 스스로 회전하는 것 　*위성 행성의 둘레를 도는 천체

*공전주기 한 번 공전하는 데 걸리는 시간 　*자전주기 한 번 자전하는 데 걸리는 시간

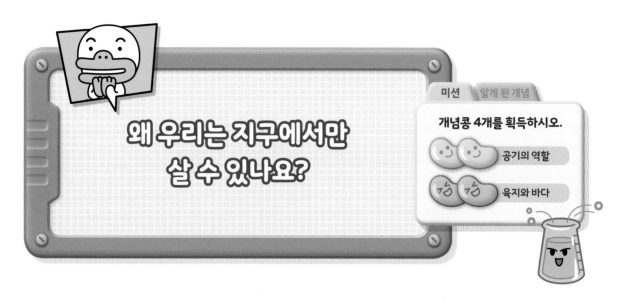

왜 우리는 지구에서만
살 수 있나요?

미션 | 알게 된 개념

개념콩 4개를 획득하시오.

공기의 역할

육지와 바다

슈우웅

이제 우주복을 벗자.

휴우

휴 우주복은
정말 무거워.

삐질
삐질

만약 지구에 산소가
없었다면 우주복을
입고 생활했겠지?

불편

깡깡

헤헤

왜 우리는 지구에서만
살 수 있나요?

지구는 숨 쉴 수 있는
공기와 물을
가지고 있기 때문이야.

초 3-1 지구의 모습

중2 태양계

헉! 그럼 안 되지.

쌤, 정말 저희가 갈 수 있는 다른 행성은 없나요?

생명이 살아갈 수 있는 공기는 지구만 가지고 있단다. 공기 속에 생물이 숨 쉬는 데 필요한 산소가 있지.

공기는 눈에 보이지 않지만 지구를 둘러 싸고 있어.

공기 속 산소는 지구만의 특징이구나.

태양 빛 중 우리에게 해로운 자외선 등을 막아줘.

우리가 숨을 쉬며 살아갈 수 있게 해줘.

후하

후하

지구를 둘러싼 공기는 어떤 역할을 하는 걸까?

바람으로 *풍차를 회전시켜 풍력발전소에서 전기를 얻을 수 있어.

휘잉~

보이지 않는 공기

우주를 떠돌아다니는 물체가 지구에 그대로 떨어지는 것을 막아줘.

무서워.

개념콩 획득!
공기의 역할

*풍차 바람의 힘을 기계적인 힘으로 바꿔주는 장치

122

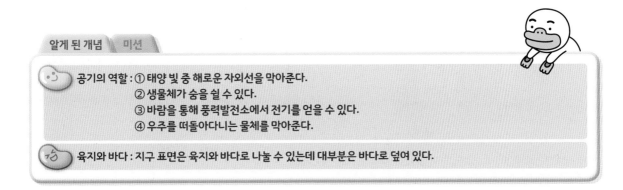

알게 된 개념 | 미션

공기의 역할 : ① 태양 빛 중 해로운 자외선을 막아준다.
② 생물체가 숨을 쉴 수 있다.
③ 바람을 통해 풍력발전소에서 전기를 얻을 수 있다.
④ 우주를 떠돌아다니는 물체를 막아준다.

육지와 바다 : 지구 표면은 육지와 바다로 나눌 수 있는데 대부분은 바다로 덮여 있다.

지구는 말이야! 생명이 숨 쉬는 유일한 행성

내 얼굴이 둥그런 모양이라는 건
다들 잘 알고 있지? 하지만 옛날에는
내 모습이 네모난 모양이라고 생각했었대.
서 있으면 땅이 편평하게 느껴졌기
때문인가 봐. 그래서 배를 타고
바다 끝까지 가다 보면 밑으로
추락한다고 생각했었지.

한 방향으로만
가면 지구를 한 바퀴
돌 수 있어.

으악!

모양

모양을 발견한 사람

왜 사람들은 땅이 편평하다고 느꼈을까?
그것은 내가 사람들과 비교해 너무나 크기 때문에
사람들이 나의 일부분만 볼 수 있었기 때문이야.

나도 바다를
탐험해볼까?

마젤란의 세계 일주

대서양

인도양

태평양

내가 바로
마젤란!

탐험가 마젤란은 내가 둥근 모양을 하고 있다는 사실을
발견한 사람이야. 마젤란은 배를 타고 계속 한 방향으로만
세계 일주를 하여 출발한 곳으로 다시 돌아왔어. 이를 통해
사람들은 내가 둥글다는 것을 알게 되었지.

튜브가 어피치, 네오를 초대했습니다.

우리가 지구에서 살 수 있는 이유가 공기 때문이라니. 공기에게 정말 고맙네♥

맞아. 공기는 눈에 보이지 않아서 소중함을 모르고 지내왔어.

근데 만약에 공기가 더 많아지면 어떻게 될까?

더 좋아지겠지. 공기가 많아지면 산소도 많아지는 거니까.

튜브가 사이다쌤을 초대했습니다.

쌤, 지구에 공기가 많아지면 더 좋은 건가요?

지금보다 지구에 공기가 더 많아진다면 아마 지구에서는 생명이 살 수 없을 거야.

헉! 더 좋은 게 아니에요?

공기가 많아진다면 ···

지구의 공기가 현재보다 많아진다면 공기층이 태양 빛을 더 많이 흡수하게 된다. 따라서 지구의 온도는 점점 올라가서 생물이 살기 힘들어지게 될 것이다.

그리고 공기가 우리를 누르는 힘도 커져서 올바르게 서 있지도 못 할 거야.

공기가 너무 많은 것도 좋은 게 아니네요.

뭐든지 적당한 게 좋은 건가봐.

소중한 지구의 공기

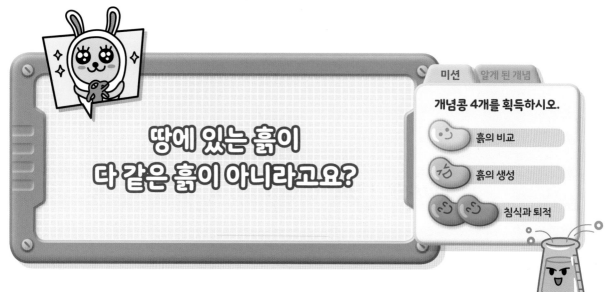

땅에 있는 흙이 다 같은 흙이 아니라고요?

무. 사. 착. 륙!

짜란~

다다다

비가 왔었나봐. 땅이 젖어있어.

흐음

라이언, 뭐라고?

타닷!

무지에게 궁금증이 생겨 개념콩을 획득할 수 있습니다

화단 흙에는 운동장 흙에 비해 알갱이가 작고 고운 흙이 많이 섞여 있어. 그래서 운동장 흙에 비해 물이 빠르게 빠지지 못하고 고여있는 거란다.

물 빠짐 비교

화단 흙 VS 운동장 흙

그럼 화단 흙과 운동장 흙은 알갱이 크기만 다른 건가요?

화단 흙에는 운동장 흙보다 더 많은 물질이 섞여 있어. 흙을 물에 섞어보면 화단 흙이 물에 뜨는 부식물이 훨씬 많은 걸 볼 수 있는데, 바로 식물의 뿌리, 나뭇잎 조각 등이 썩은 것 등 이란다.

부식물은 식물이 자라는 데 양분이 된대.

그래서 운동장에는 식물이 별로 없구나.

운동장 흙은 물에 뜬 물질이 거의 없네.

운동장 흙

화단 흙

나뭇잎, 곤충이 떠 있어.

개념콩 획득!
흙의 비교

근데 흙은 어떻게 만들어지는 거지?

큰 바위는 오랜 시간에 걸쳐 작게 부서진단다. 바위 틈에서 나무뿌리가 자라면서 부서지기도 하고, 물이 바위 틈에 들어가 얼었다 녹았다를 반복하며 점점 부서지기도 해.

큰 바위가 흙이 되기까지 아주 오랜 시간이 걸려.

쩌억

겨울에 물이 얼었다가 봄에 녹아서 틈이 벌어지는구나.

개념콩 획득!
흙의 생성

땅의 표면은 말이야

장소에 따라 다양한 모습이야

강물이 흐르며 나의 모습은 조금씩 변해.
강 주변의 나의 모습은 상류와 하류가 달라.
강 상류에서는 바위 같은 큰 알갱이의 돌멩이 등이 많고,
강 하류에서는 작은 알갱이의 모래와 흙을
많이 볼 수 있지. 강 상류는 하류에 비해
강폭이 좁고 경사가 급하기 때문에
침식 작용이 활발하게 일어나. 강 하류에서는 경사가
완만해지고 강폭이 넓어지기 때문에 물살이 느려지며
작은 돌, 모래, 흙이 쌓여 넓은 평야나 들을 만든단다.

131

땅에도 층이 있다고요?

여러 가지 모양의 지층이 있어.

초 4-1 지층과 화석

중1 지권의 변화

커져라 머신

85
80
75
70
65

목표 개념콩
90 개

모은 개념콩
76 개

자갈, 모래, 진흙 등으로 이루어진 암석이 층을 이루고 있는 것을 지층이라고 불러.

아래층부터 서로 다른 특징의 암석들이 쌓이고 오랜 시간이 지나면 저렇게 줄무늬 모양의 층이 생겨. 이 지층은 지구 내부의 힘에 의해 땅이 솟거나 꺼지기도 하는 *지각 변동으로 다양한 모양이 된단다.

지층은 세 가지 모양으로 나눌 수 있어.

층층이 쌓인 모습이 샌드위치 같아.

수평인 지층

끊어진 지층

휘어진 지층

지층을 보면 그 지역의 지각 변동과 과거 환경을 알 수 있어. 그래서 지층을 지구의 역사책이라고 부른단다.

산호 모양이네? 과거에 이곳은 바다였나봐.

신기~

개념콩 획득!
지층의 종류

*지각 변동 땅이 지구 내부의 힘에 의해 땅의 솟음, 꺼짐, 끊어짐, 휘어짐 등으로 크게 변하는 것

1 모래, 자갈, 진흙 등이 물에 의해 운반된다.

2 강 하류에 모래, 자갈, 진흙 등이 쌓이기 시작한다.

3 모래, 자갈, 진흙 등이 계속 쌓이며 먼저 쌓인 지층을 누른다.

4 오랜 시간이 지나 지층이 단단하게 굳는다.

> 모래와 흙이 물에 운반되면 무거운 모래가 먼저 쌓이겠지?

> 흙이 쌓이고 오랜 시간이 지나 지층이 이미 굳었다면 그 위에 모래가 쌓일 수도 있을 거야. 항상 알갱이의 크기순으로 쌓이는 건 아니야.

> 이렇게 지층이 생기기까지는 오랜 시간 쌓이며 만들어지는 거야.

개념콩 획득!
지층이 만들어지는 과정

잠깐!

> 물이 운반한 모래, 자갈, 진흙이 쌓인 거라면 이것도 퇴적 아니야?

> 그러네~ 공부했었던 내용이잖아.

맞아 너희들 복습을 아주 열심히 했구나. 대부분의 지층은 퇴적물이 굳어져 만들어졌어. 대부분의 지층은 퇴적암으로 이루어져 있단다.

감동

퇴적암이 만들어지는 과정

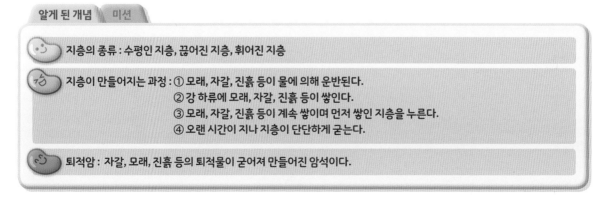

알게 된 개념 / 미션

- 지층의 종류 : 수평인 지층, 끊어진 지층, 휘어진 지층

- 지층이 만들어지는 과정 : ① 모래, 자갈, 진흙 등이 물에 의해 운반된다.
  ② 강 하류에 모래, 자갈, 진흙 등이 쌓인다.
  ③ 모래, 자갈, 진흙 등이 계속 쌓이며 먼저 쌓인 지층을 누른다.
  ④ 오랜 시간이 지나 지층이 단단하게 굳는다.

- 퇴적암 : 자갈, 모래, 진흙 등의 퇴적물이 굳어져 만들어진 암석이다.

나는 진흙 같은 작고 부드러운
알갱이로 되어 있는 암석이야.
작은 알갱이 덕분에 날 만졌을 때
아주 부드러운 느낌이 날 거야.
나는 색깔도 아주 다양하단다.
하지만 대부분 연한 갈색이나
연한 노란색을 띠고 있어.
나와 비슷하지만 진흙으로만
만들어진 암석은 셰일이라고 불러.

퇴적암!
너희가 궁금해.

퇴적암 패밀리

우리 퇴적암 패밀리는
알갱이의 크기에 따라
이암, 사암, 역암으로
나눌 수 있어.

퇴적암의 종류는
다양해.

사암

역암

이암

알갱이의 크기에 따라
퇴적암을 나눌 수 있어.

나는 주로
모래로 되어 있는 사암이라고 해.
모래가 주로 쌓여서 만들어진 퇴적암이지.
대부분 연한 회색이나 연한 갈색을 띄고 있어.
날 손으로 만져본다면 모래를 만지는 것처럼
약간 거친 느낌이 날 거야.

안녕? 내 이름은 역암!
주로 자갈, 모래 등으로 구성되어 있지.
그래서 부드러운 표면도 있고,
거친 표면도 있어. 알갱이의 크기도 다양하지.
나는 자갈 사이에 모래가 들어오며
굳어진 암석이기 때문에
군데 군데 큰 자갈이 박혀 있는 것을
볼 수 있어.

137

사람 화석도 있나요?

미션　알게 된 개념

개념콩 4개를 획득하시오.

화석

화석이 만들어지는 과정

TV 특종! 공룡알 화석 발굴 현장에 가다

공룡알*화석이 발견됐다고?

진짜 공룡알이 맞을까?

우왕~

*공룡이 우리나라에서 살았었나봐.

*화석 옛날에 살았던 생물의 몸체와 생물이 생활한 흔적이 남아있는 것

*공룡 중생대 쥐라기와 백악기 사이에 살다가 백악기 말에 멸종한 거대한 파충류

사람은 화석이 **될 수 없어.**

초 4-1 지층과 화석

중1 지권의 변화

커져라 머신

85
80
75
70
65

목표 개념콩
90 개

모은 개념콩
81 개

쌤, 어제 공룡알 화석이 발견됐대요!

어피치가 제가 제일 아끼는 과자를 화석으로 만들려고 했어요!

어휴 라이언 정말. 나랑 사람 화석 보러 안 갈꺼야?

과자 화석 말고 사람 화석

칫!!

지질 시대 지구가 탄생한 이후 인류의 역사가 시작되기 전까지의 기간

중생대

고생대

신생대

선캄브리아대

인류의 출현

46억년 전 지구 탄생

쾅

화석은 지질 시대에 살았던 옛날 생물의 몸체나 흔적이 암석과 지층 속에 남아있는 것을 말해. 사람은 지질 시대에 사는 생물이 아니니 죽어서 발견되어도 화석이라고 부를 수 없단다.

히야!

흔적이 남았다고 해서 모두 화석이라고 부르진 않아. 반드시 생물이거나 생물이 남긴 흔적이어야 한단다.

적어도 만 년은 넘어야 화석이 겠군요.

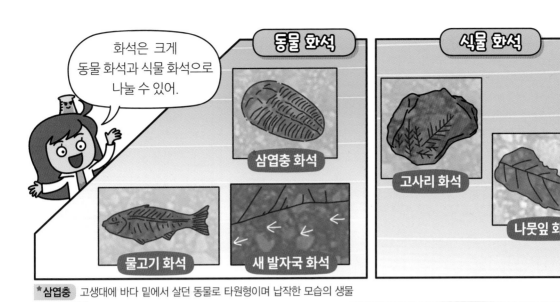

화석은 크게 동물 화석과 식물 화석으로 나눌 수 있어.

동물 화석

삼엽충 화석

물고기 화석

새 발자국 화석

식물 화석

고사리 화석

나뭇잎 화석

★삼엽충 고생대에 바다 밑에서 살던 동물로 타원형이며 납작한 모습의 생물

그렇다면 옛사람의 흔적인 고인돌도 화석이겠죠?

고인돌이나 사람이 만든 발자국 모양도 생물의 몸체나 생활 흔적이 아니라 사람이 만든 유물이기 때문에 화석이라고 할 수 없어.

영자

영자

영자

내 발자국도 화석이 될 수는 없겠구나.

화석의 기준이 되는 '생물의 흔적'은 동물의 발자국, 사체, 배설물을 말해.

사람은 화석이 될 수 없다니.

실망

그런데 죽은 생물이 어떻게 썩지 않고 화석이 되는 거지?

흐음

맞아. 모든 생물이 다 화석이 되는 것도 아니잖아.

쌤이 책을 줄게. 여기에 화석이 만들어지는 과정이 나와 있단다.

여기~

개념콩 획득!

화석

141

① 그 시대에 많이 살았던 생물 중 단단한 뼈나 껍질을 가지고 있는 생물이 갑자기 퇴적물에 파묻힌다.

② 그 위에 퇴적물이 두껍게 쌓인다.

③ 파묻힌 유해가 지하수 등에 녹아 없어지고 빈 공간에 여러 물질이 채워진다.

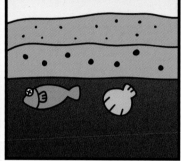

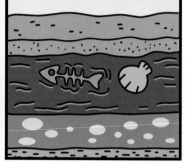

④ 오랜 시간 퇴적물이 쌓이며 지층이 만들어지고 생물은 화석이 된다.

⑤ 지구 내부의 힘에 의해 지층이 높게 솟아오른다.

⑥ 지층이 깎이며 화석이 드러난다.

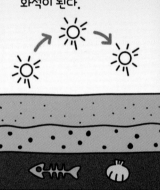

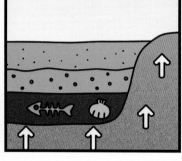

개념콩 획득!
화석이 만들어지는 과정

알게 된 개념 | 미션

 화석 : 지질 시대에 살았던 생물의 몸체나 흔적으로 동물 화석과 식물 화석 등이 있다.

 화석이 만들어지는 과정 : ①그 시대에 많이 살았던 생물 중 단단한 뼈나 껍질을 가지고 있는 생물이 갑자기 퇴적물에 파묻힌다.
②그 위에 퇴적물이 두껍게 쌓인다.
③파묻힌 유해가 지하수 등에 녹아 없어지고 빈 공간에 여러 물질이 채워진다.
④퇴적물이 쌓이며 지층이 만들어지고 생물은 화석이 된다.
⑤지층이 높게 솟아오른다.
⑥지층이 깎이며 화석이 드러난다.

과거 생물이 남긴 자신의 흔적

만날 수 있는 곳

물기가 많은 땅에
공룡의 발자국이 찍힌 뒤 발자국이
없어지기 전에 굳으면 화석이 되는 거야.
우리나라도 공룡들에게 아주 인기가 많았던 지역이었어.
특히 전라남도 해남은 세계에서도 손꼽히는
공룡 발자국 화석지란다.

프로도,
우리도 가보자.

다분포
중분포
소분포

발굴 과정

나를 발굴하는 사람들을 고고학자라고 해. 고고학자들이
나를 어떻게 발굴하는지 그 과정을 보여줄게.

고고학자는
정말 멋있는 직업이야.

발굴 전 화석의 크기를 측정하고
사진을 찍어 기록해.

망치, 확대경 등을 이용해
화석을 채집해.

알 수 있는 것

나를 통해 옛날에 살았던
생물의 생김새와 생활 모습,
그 지역의 환경을 짐작할 수 있어.
조개 화석이 발견된 곳은 옛날에
그 지역이 바다였다는 뜻이겠지?

실험실로 옮겨온 화석을 둘러싸고
있는 암석을 조심히 제거해.

암석을 제거한 화석을
원래 모양대로 맞춰.

한라산이 화산이라고요?

미션　알게 된 개념

개념콩 5개를 획득하시오.

화산
화산 분출물
현무암과 화강암

빨리 방학했으면 좋겠다.

히히

방학 때 뭐하게?

제이지 ♡ 제주도

나는 제주도에 놀러가고 싶어.

쌤은 방학하면 뭐 하실 거예요?

궁금

쌤은 그동안 밀린 과학 공부를 할래.

사이다쌤 ♡ 과학

제주도에 가면 맛있는 것도 먹고, 한라산에도 올라가야지.

영차

영차

한라산이 화산이라고요?

현재는 화산 활동을 쉬고 있어.

- 초 4-2 화산과 지진
- 중1 지권의 변화

목표 개념콩 **90** 개
모은 개념콩 **85** 개

제이지, 걱정하지 마. 한라산은 현재는 화산 활동을 하지 않기 때문에 폭발하지 않을 거야.

아흑

정말이요?

어떻게 알 수 있어요?

과학자들은 항상 화산의 땅속 움직임을 관찰하고 있어. 현재 활동하는 화산은 **활화산**, 활동하지 않는 화산을 **휴화산**이라고 한단다.

땅속의 움직임이 활발하면 나도 활발하게 활동한단다.

나는 활화산이야. 아직도 활발하게 활동하는 화산으로 *마그마가 분출될 수 있지.

펑

활화산

내 이름은 휴화산! 과거에는 활화산으로 활동한 기록이 있지만 현재는 활동하지 않고 잠에 빠진 화산이야.

ZZZ

쿨쿨

휴화산

휴화산은 언제든지 활화산이 될 수 있기 때문에 항상 관찰해야 한대.

힝~ 화산아 폭발하지 마.

무서워

개념콩 획득!
화산

***마그마** 땅속에 있는 암석이 높은 온도에 녹아 액체 상태로 존재하는 것

다행이다. 한라산은 진짜 화산은 아니구나.

만약 화산이 폭발하면 *용암이 흘러 나오는 건가요?

화산이 폭발하면 용암뿐만 아니라 다양한 *분출물이 나온단다. 진짜 화산을 만나러 가 볼까?

부웅~

화산이 분출하면 액체인 용암, 기체인 화산 가스, 고체인 화산재와 화산 암석 조각 등이 나오지.

콰콰쾅!

부글부글!

도망가자

으악!

화산에서 용암만 나오는 건 아니구나.

방어력 UPGRADE!

촤악

엇? 땅에 구멍이 뚫려 있네.

뽕~ 뽕~

개념콩 획득! 화산 분출물

*용암 지하에 녹아있던 마그마가 분출하여 지표로 흐르는 것 　　*분출물 솟구쳐 뿜어져 나오는 물질

147

그건 현무암이야. 현무암은 마그마의 활동으로 만들어진 암석 중 하나란다. 또 다른 암석으로는 화강암이 있는데, 현무암과 화강암을 화성암이라고 불러. 화성암은 마그마가 식어서 만들어진 암석이야.

화강암

마그마가 땅속에서 천천히 식어 만들어진 암석이다. 알갱이의 크기가 크고 밝은색이다.

현무암

마그마가 지표 가까이에서 빠르게 식어 만들어진 암석이다. 알갱이의 크기가 작고 어두운 회색이나 검은색이다.

현무암과 화강암의 알갱이의 크기가 다른 까닭은 만들어지는 장소가 다르기 때문이야.

제주도에서 볼 수 있는 돌하르방도 현무암으로 만들었어.

꼬옥

개념콩 획득!

현무암과 화강암

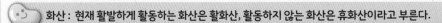

알게 된 개념 미션

화산 : 현재 활발하게 활동하는 화산은 활화산, 활동하지 않는 화산은 휴화산이라고 부른다.

화산 분출물 : 기체인 화산 가스, 액체인 용암, 고체인 화산재와 화산 암석 조각 등이 분출된다.

현무암 : 마그마가 지표 가까이에서 빠르게 식어 만들어진 암석이다.
화강암 : 마그마가 땅속 깊은 곳에서 천천히 식어 만들어진 암석이다.

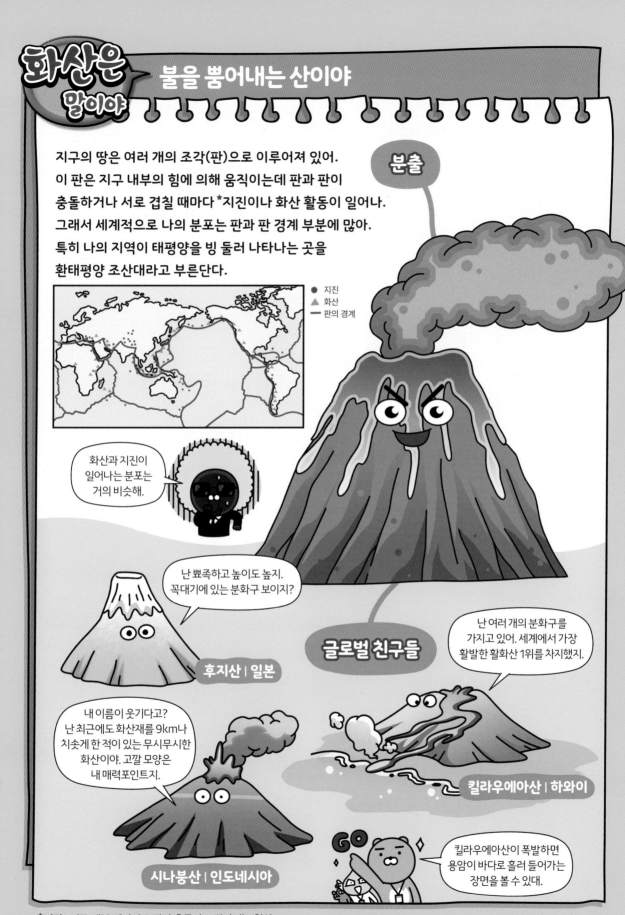

화산은 말이야 — 불을 뿜어내는 산이야

지구의 땅은 여러 개의 조각(판)으로 이루어져 있어.
이 판은 지구 내부의 힘에 의해 움직이는데 판과 판이
충돌하거나 서로 겹칠 때마다 *지진이나 화산 활동이 일어나.
그래서 세계적으로 나의 분포는 판과 판 경계 부분에 많아.
특히 나의 지역이 태평양을 빙 둘러 나타나는 곳을
환태평양 조산대라고 부른단다.

● 지진
▲ 화산
— 판의 경계

분출

화산과 지진이
일어나는 분포는
거의 비슷해.

난 뾰족하고 높이도 높지.
꼭대기에 있는 분화구 보이지?

후지산 | 일본

글로벌 친구들

난 여러 개의 분화구를
가지고 있어. 세계에서 가장
활발한 활화산 1위를 차지했지.

내 이름이 웃기다고?
난 최근에도 화산재를 9km나
치솟게 한 적이 있는 무시무시한
화산이야. 고깔 모양은
내 매력포인트지.

킬라우에아산 | 하와이

시나붕산 | 인도네시아

GO

킬라우에아산이 폭발하면
용암이 바다로 흘러 들어가는
장면을 볼 수 있대.

*지진 지구 내부 에너지로 땅이 흔들리고 갈라지는 현상

149

저요! 저요! 풀어봐요

1 퇴적암에 대해 올바른 설명을 한 카카오프렌즈는 누구일까요?

정답 스티커

이암은 역암보다 거친 느낌이야.

퇴적암은 퇴적물이 굳어져 만들어졌어.

역암은 모래로 이루어져 있어.

퇴적암은 색깔에 따라 나눌 수 있어.

2 달에 대해 올바른 설명을 한 카카오프렌즈는 누구일까요?

정답 스티커

달의 표면은 노란색이야.

달은 공기가 있는 위성이야.

달에는 충돌 구덩이가 많아.

달의 표면에는 강이 흘러.

3 운동장 흙과 비교하여 화단 흙에 대하여 바르게 설명하고 있는 카카오프렌즈는 누구일까요?

정답 스티커

화단 흙에 물을 부으면 물이 천천히 빠져.

운동장 흙보다는 화단 흙의 알갱이가 매우 커.

비가 오면 화단에는 물이 잘 고이지 않아.

화단의 흙을 손으로 만지면 거칠거칠 해.

정답은 152쪽에 있어요.

4 다음 중 화산에 대해 올바른 설명을 한 카카오프렌즈는 누구일까요?

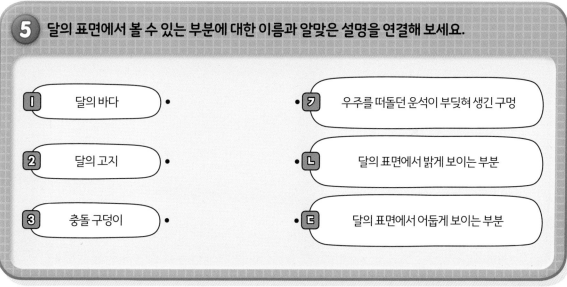

5 달의 표면에서 볼 수 있는 부분에 대한 이름과 알맞은 설명을 연결해 보세요.

1 달의 바다	•	• ㄱ	우주를 떠돌던 운석이 부딪혀 생긴 구멍
2 달의 고지	•	• ㄴ	달의 표면에서 밝게 보이는 부분
3 충돌 구덩이	•	• ㄷ	달의 표면에서 어둡게 보이는 부분

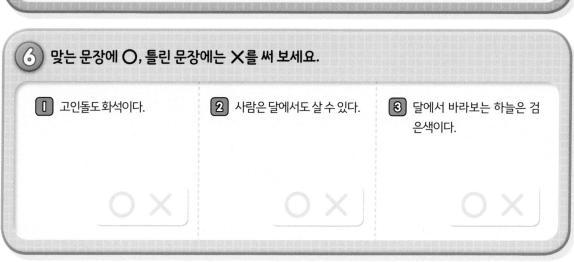

6 맞는 문장에 ○, 틀린 문장에는 ✕를 써 보세요.

1 고인돌도 화석이다.

2 사람은 달에서도 살 수 있다.

3 달에서 바라보는 하늘은 검은색이다.

○ ✕   ○ ✕   ○ ✕

정답
스티커

7 다음 ➊~➍에 해당하는 용어를 모두 찾아 ◯표 해보세요.

➊ 땅속의 마그마가 분출하여 녹아있는 형태

➋ 풀, 나뭇잎, 죽은 곤충 등이 썩은 것

➌ 달의 표면 중 어둡게 보이는 곳, '달의 ◯◯'

➍ 마그마가 땅속 깊은 곳에서 천천히 식어 만들어진 암석

평	화	수	부
등	강	가	식
용	암	전	물
서	바	다	건

저요! 저요! 맞춰봐요

궁금증을 해결했는지 한번 확인해 볼까?

정답

➀ 무지

➁ 어피치

➂ 제이지

➃ 튜브

⑤ ➊–ㄱ, ➋–ㄴ, ➌–ㄷ (교차 연결)

⑥ ➊ ✕ ➋ ✕ ➌ ◯

⑦ ➊ 용암 ➋ 부식물 ➌ 바다 ➍ 화강암

155

156

척

잠깐!!

?

나에게
좋은 생각이 있어.

좌아!

뭔데?

저기~

아까 뉴스 영상에서 봤는데
사이다쌤이 연구하던 키가 커지는
물약을 어떤 박사님이 먼저 발명했대.
그분을 찾아가서 도움을 요청하자.

와아

가자!
가자!

그래! 우리를
도와주실지도 모르잖아.

둥둥호!
나잘나 박사님의
연구실로 가자!

철컥

GO!
GO!

카카오프렌즈와 사이다쌤의 이야기는 2권에서 계속됩니다.

과학 교과서를 통째로 넣은
교과 연계 만화
구해줘
카카오프렌즈

초판 7쇄 발행 2022년 2월 7일
초판 1쇄 발행 2019년 11월 5일

글 | 박영희, 김경민, 김희경, 윤미숙(신나는 과학을 만드는 사람들 소속)
그림 | 도니패밀리
감수 | 장풍(엠베스트 · 메가스터디 과학 강사), 김지연(서울 초당초등학교)
디자인 | 김서하
스토리 구성 | 윤소연

발행인 | 손은진
개발 책임 | 조현주
개발 | 김보영, 심다혜, 민고은
제작 | 이성재, 장병미

발행처 | 메가스터디㈜
출판사 신고 번호 | 제 2015-000159호
주소 | 서울시 서초구 효령로 304(서초동) 국제전자센터 24층
대표전화 | 1661-5431
홈페이지 | http://www.megastudybooks.com

메가스터디BOOKS
'메가스터디북스'는 메가스터디㈜의 출판 전문 브랜드입니다.
유아/초등 학습서, 중고등 수능/내신 참고서는 물론,
지식, 교양, 인문 분야에서 다양한 도서를 출간하고 있습니다.

잘못된 책은 구입하신 곳에서 바꾸어 드립니다.

스티커를 떼어 정답 스티커란에 붙여 사용하세요.